835
CZE/M

M. H. C.
LIBRARY

D0490318

07
26
iii/18

STUDIEN
ZUR GERMANISTIK, ANGLISTIK UND KOMPARATISTIK
HERAUSGEGEBEN VON ARMIN ARNOLD UND ALOIS M. HAAS
BAND 33

Daniel Czepko als geistlicher Dichter

VON ANNEMARIE MEIER
1975

R.H.C. LIBRARY
CLASS No
ACC
DATE A.C
XWP
Cze,B
145,809
Nov. 78

BOUVIER VERLAG HERBERT GRUNDMANN · BONN

Meiner Mutter in Dankbarkeit
und in dankbarem Gedenken an meinen Vater

CIP-Kurztitelaufnahme der Deutschen Bibliothek MEIER, ANNEMARIE
Daniel Czepko als geistlicher Dichter
(Studien zur Germanistik, Anglistik und Komparatistik; Band 33)
ISBN 3 416 01042 6
Alle Rechte vorbehalten. Ohne ausdrückliche Genehmigung des Verlages ist es nicht gestattet, das Buch oder Teile daraus zu vervielfältigen. © Bouvier Verlag Herbert Grundmann, Bonn 1975. Printed in Germany. Herstellung: Druckerei J. P. Bachem KG, Köln

INHALT

R.M.C.
LIBRARY

EINLEITUNG

Daniel Czepko gehört zu den weniger bekannten und deshalb von der Literaturwissenschaft auch weniger beachteten Dichtern des Barock. Die Czepko-Literatur[1] setzt sich zusammen aus einzelnen Aufsätzen und einigen größeren Arbeiten, die aber entweder nur Teilaspekte behandeln oder dann Czepko in seiner Rolle als ,,Vermittler und Anreger"[2], vor allem im Hinblick auf Johann Scheffler, sehen. Das einzige Werk, das den Dichter in seiner Eigenart zu erfassen sucht, ist die Monographie von Werner Milch, der durch die Herausgabe von Czepkos Werken und durch eine sorgfältige Dokumentation diesen Dichter erst wieder zugänglich gemacht hat. Milch betont aber vor allem das Widersprüchliche an Czepkos vielfältiger Persönlichkeit. Er weist die verschiedenen gesellschaftlichen und literarischen Strömungen nach, die in der Person dieses Dichters zusammenlaufen, und faßt Czepkos geistige Interessen mit den Begriffen Synkretismus und Eklektizismus zusammen. Es scheint mir ein Mangel einer solchen ideengeschichtlich und soziologisch orientierten Betrachtung zu sein, daß sie den Dichter nur als Funktion verschiedener Strömungen sieht, den Menschen aber und seine dichterische Individualität fast ganz außer acht läßt. Die Strömungen mögen mannigfaltig, ja sogar unter sich widersprüchlich sein, in der Person des Dichters und seinem Werk können sie sich trotzdem zu einer Einheit zusammenschließen. Etwas von dieser Einheit möchte die vorliegende Arbeit sichtbar machen[3].

Im Mittelpunkt der Betrachtung steht Czepkos geistliche Versdichtung. Zugleich sollen dabei aber auch einige Grundzüge von Czepkos Denken und Dichten überhaupt aufgezeigt werden. Die Arbeit wendet sich deshalb zunächst der Person des Dichters zu. In einem ersten Teil wird aus biographischen Tatsachen und vor allem aus Czepkos Schriften selbst ein Bild von seinem Leben, Denken und Dichten entworfen, auf dem dann der zweite Teil, der nun ausschließlich der geistlichen Versdichtung gewidmet ist, aufbauen kann. Ausführlich wird hier Czepkos wesentlichstes Werk, die ,,Sexcenta Monodisticha Sapientum", behandelt, während die übrige geistliche Versdichtung in einer zusammenfas-

---

[1] Vgl. die chronologische Zusammenstellung der Czepko-Literatur am Schluß der Arbeit, S. 129 ff.
[2] Milch, S. 121.
[3] Siehe Anhang 1.

senden Betrachtung zur Sprache kommt. Auch in diesem zweiten Teil ist das übergreifende Ziel die Deutung des Phänomens Czepko, nun aber im einzelnen am Beispiel seiner geistlichen Versdichtung gezeigt.

Zur Art des Zitierens sei noch bemerkt, daß alle Textbeispiele, auch solche aus anderen zeitgenössischen Werken, in Orthographie und Interpunktion den heutigen Regeln angepaßt sind. Die Abkürzungen GS und WD in den Stellenangaben zu den Czepko-Zitaten beziehen sich jeweils auf die beiden Bände der Ausgabe von Werner Milch, die Czepkos Werke in „Geistliche Schriften" und „Weltliche Dichtungen" aufteilt. Die Abkürzung „Milch" dagegen bezieht sich immer auf dessen Czepko-Monographie „Daniel Czepko, Persönlichkeit und Leistung", Breslau 1934.

ERSTER TEIL

Daniel Czepko von Reigersfeld

1. Der Mensch

Daniel Czepko ist uns heute – wenn überhaupt – bekannt als Dichter mystischer Epigramme. Ihn aber einfach als mystischen Dichter einzustufen wäre eine Vereinfachung, die seiner vielfältigen Persönlichkeit nicht gerecht würde. Dichtung und Mystik sind, um ein Bild Bergengruens zu gebrauchen[4], nur zwei Stränge in seinem Leben, das selbst, einer Schnur vergleichbar, aus zahlreichen Strängen geflochten ist. In einer seiner letzten Dichtungen, der „Rede aus meinem Grabe", die er angeblich nicht lange vor seinem Tode schrieb (GS 391), zieht er die Bilanz seines Lebens, und diese beginnt mit den Worten:

> Ich war ein Mensch, wie du auch bist,
> Von Stand und vom Verstande. (GS 392)

Nicht mit der Mystik oder mit der Dichtung beginnt Czepko. Zuerst einmal führt er sich als Standesperson ein. In den folgenden Strophen zeichnet er sich dann als einen im praktischen Leben tätig gewesenen Mann, und schließlich kommt er auch auf sein Wirken auf geistigem Gebiet zu sprechen:

> Sehr wenig hab ich nicht gewußt
> Und doch an diesen Ort gemußt.

> Ich hab auf die gebundne Art
> Mit mehr als hundert Büchern
> Zwar wollen mir vor meiner Fahrt
> Mein Andenkmal versichern.
> Jedoch die Bücher scharrt in sich
> Die faule Mott' und Streckfuß mich.

[4] Werner Bergengruen, Das Hornunger Heimweh, Erzählung 1942.

Gestalt und Eigenschaft und Grund
Der wunderbarn Geschöpfe
Ward mir durch weises Suchen kund,
Ein Werk vor kluge Köpfe.
Der Dinge Glanz durchging mich oft,
Jetzt lieg ich in der finstern Gruft.

Die allgemeine Scheidekunst
Wies mir das Salz der Erden;
Es sollte draus durch Gottes Gunst
Der Weisen Arznei werden.
Schaut, wie der scheußlich Alchimist,
Der Tod, mich selber kocht und frißt.

Das Recht, das die Natur und Gott
Uns gräbt in das Gewissen,
War mir das rechte Grundgebot,
Draus alle Rechtslehrn fließen.
Der vieler, liegt hier auf der Bahr,
Ein allgemeines Rathaus war.

Was sie, die Kabbala, auch kann
Entbilden und enthöhlen
Hoch über des Gemütes Bahn
in einer reinen Seelen,
Hab ich geschaut, erkannt, erfahrn.
Jetzt lieg ich untern meisten Scharn. (GS 395/396)

Jeder Strophe ist ein Wissensgebiet zugeordnet. Es werden dem Leser der Grabschrift der Reihe nach vor Augen geführt: der nach Ruhm strebende Dichter, der Naturphilosoph, der Alchimist und Arzt, der Rechtsgelehrte und Rat, der um die melanchthonische Scheidung des Rechts in iustitia civilis und iustitia spiritualis, um natürliches und göttliches Recht weiß[5], und schließlich der Kabbalist oder Mystiker[6], der durch mystische Entwerdung zur Schau und Erkenntnis Gottes gelangt. Nicht ohne Stolz schildert sich hier Czepko als einen

---

[5] Vgl. auch „Deutscher Phaleucus" GS 205, dazu Milch S. 158 f.
[6] Für die Gleichsetzung von Kabbalist und Mystiker vgl. auf S. 45 den Schnitt über die „Parentatio an die Herzogin Louise".

geistig vielseitig interessierten Mann, der auf der Höhe des Wissens seiner Zeit steht – „Sehr wenig hab ich nicht gewußt" –, als den Intellektuellen humanistischer Prägung, wie ihn noch das frühe 17. Jahrhundert kannte.

Die „Rede aus meinem Grabe" ist eines von Czepkos letzten Gedichten, doch das Bild, das er sich von einem Gelehrten machte und hier auf sich selbst anwendet, stand schon früh fest. In der „Consolatio ad Baronissam Cziganeam" rühmt er an seinem Herrn und Freund Hans Georg von Czigan das vielseitige Wissen, das weltliche und geistliche Interessen verbindet, und auch von ihm sagt er, es sei „ihm das wenigste unbewußt" gewesen (GS 159). Von einer Neigung zu universaler Gelehrsamkeit zeugt dann auch der umfassende Wissenschaftskatalog, den Czepko in der Widmungsrede zu den „Monodisticha", dem „Deutschen Phaleucus", entwirft (vgl. S. 68).

Herkunft und Bildung verschafften Czepko Zugang zu den Wissensgebieten seiner Zeit. Als Sohn eines lutherischen Pfarrers aus angesehenen schlesischen Bürgerkreisen[7], erhielt er in der Lateinschule von Schweidnitz die übliche, auf humanistischen Prinzipien aufbauende Grundbildung. Hier lernte Czepko auch schon, Verse zu schreiben. Erhalten sind einige lateinische Gelegenheitsgedichtchen, wie sie eben für einen Lateinschüler von damals üblich waren. Mit achtzehn Jahren immatrikulierte Czepko sich an der medizinischen Fakultät in Leipzig. In seinen zwei Leipziger Semestern dürfte er Einblick in die wichtigsten naturwissenschaftlichen Kenntnisse seiner Zeit, unter anderem wohl auch in das paracelsische Denken und die Alchemie, erhalten haben. Dann setzte Czepko sein Studium in Straßburg fort, wo er aber bald an die juristische Fakultät wechselte. Nach insgesamt dreijähriger Abwesenheit kehrte Czepko nach Schlesien zurück, wo er zunächst als unabhängiger Gelehrter lebte und Beziehungen zu literarischen Kreisen anknüpfte. Dann folgten die Jahre, die er als Hauslehrer auf verschiedenen Gütern schlesischer Landadeliger verbrachte.

Mit religiösen Fragen wurde Czepko, der in einem lutherischen Pfarrhaus aufwuchs, schon früh vertraut. In Straßburg studierte er dann bei Bernegger, dem Historiker, Juristen und Theologen, der über die Schranken der Konfessionen und einzelne Wissensgebiete hinweg lehrte und Leute verschiedenster geistiger und religiöser Richtungen anzog. Entscheidend in dieser Beziehung ist aber eigentlich erst die Zeit, die Czepko als Hauslehrer bei den katholischen Baronen Czigan von Slupska verbrachte. Der älteste der drei Brüder Czigan, Hans Georg, den Czepko als Herrn und Freund tief verehrte und liebte[8], unterhielt vielfältige Beziehungen zu theologisch-mystisch interessierten Kreisen. Leute

---

[7] Alle biographischen Fakten nach Werner Milch.
[8] Siehe Anhang 2.

11

wie der Böhme-Schüler Lazarus Henckel, dem Czepko in jener Zeit die Gedichte „Das inwendige Himmelreich" widmete, verkehrten in seinem Hause. Hier lernte Czepko religiöses Denken kennen, das von der orthodoxen Linie abwich und nicht an die Konfessionen gebunden war. Mystik, Quietismus und Pansophie, die Universalwissenschaft, die durch die Erkenntnis der Natur zu Gott vorzudringen sucht, sind Begriffe, die den Umkreis dieses Denkens andeuten. Die „Consolatio ad Baronissam Cziganeam", eine Trostschrift, die Czepko für Barbara Czigan beim Tod ihrer Schwester verfaßte, verwendet Gedanken, wie sie hier geläufig waren, in reichem Maße, und das autobiographische Schäferepos „Coridon und Phyllis" gibt einen Eindruck von dem regen geistigen Leben, an dem Czepko damals teilnahm (WD 28ff.). Er beklagt dort den Hirten Coridon-Czepko sehr, daß er von seinem Freund Daphnis-Czigan Abschied nehmen und von nun an auf den Umgang mit ihm und anderen gelehrten Leuten verzichten muß:

> Keinmal kriegst du Unterricht
> Von der weisen Bücher Pflicht,
> Keinmal vom gelehrten Wesen.

> Er wird dich so oft und viel
> Nicht mehr um das letzte Ziel
> Unsrer höchsten Weisheit fragen. (WD 28)

Für Czepko, den Rechtsgelehrten, der auch in mannigfaltigen anderen Wissensgebieten bewandert war und sich als Gelegenheitsdichter schon einen gewissen Namen gemacht hatte, wäre es nach seiner Hauslehrerzeit nun die gegebene Laufbahn gewesen, ein Amt zu übernehmen, wie es damals für einen bürgerlichen Gelehrten üblich war. Vorerst eröffnete sich ihm aber eine ganz andere Möglichkeit durch die Heirat mit einer reichen Arzttochter aus Schweidnitz. Ein Stadthaus und vier Meierhöfe vor der Stadt wurden durch diese Verbindung sein eigen, und von nun an liebte es Czepko, wohl nach dem Vorbild des von ihm verehrten Hans Georg von Czigan, sich in der Rolle eines adeligen Herrn zu sehen, der als unabhängiger Gutsbesitzer auf dem Lande lebt. Schon in den anfangs zitierten Versen aus der „Rede aus meinem Grabe" zeigte sich ein ausgeprägtes Standesbewußtsein. Vor allem wird es dann aber deutlich in Czepkos jahrelangen Bemühungen um seine Nobilitierung. Er erhielt diese erst vier Jahre vor seinem Tode, doch schon zwanzig Jahre vorher unterschrieb er sich, zwar nie in einem amtlichen Schriftstück, wohl aber in einem Stammbuch, mit dem vollen Adelstitel „Dan. Czepko v. Reigersfeld" (WD 427).

Czepkos Leben als Landadliger konnte aber kein ruhig beschauliches bleiben. Schlesien litt schwer unter den Kriegswirren, und auch Czepko blieb davon nicht unberührt. Eines seiner Güter wurde völlig zerstört, und als die Schweden in Schlesien einfielen, quartierte sich der schwedische Oberbefehlshaber Torstenson in einem seiner Häuser ein. Dazu kam die Unterdrückung der Protestanten durch Gottesdienstverbote in den Kirchen. Ohne ein Amt zu übernehmen, setzte Czepko sich jetzt tatkräftig für die Politik der Stadt Schweidnitz ein. Als Protestant verfocht er die Religionsfreiheit, gab sich aber daneben streng kaisertreu. Bei der vorschnellen Übergabe der Stadt Schweidnitz an die Schweden spielte Czepko allerdings eine etwas zweideutige Rolle. In zwei Verteidigungsschriften wehrt er sich energisch gegen den Verdacht des Verrats, doch gab es, zumindest früher, einmal eine Zeit, da auch Czepko für die protestantische Sache Hoffnungen auf die Schweden setzte. Ein frühes Gedicht schließt mit dem Vers ,,Wir sehn von Mitternacht die neue Sonne kommen" (WD 431), womit Czepko die Schweden meint. Solche Töne finden sich aber später nicht mehr, und aus den Dichtungen spricht echte Loyalität zum katholischen Kaiserhaus[9]. Nach dem Westfälischen Frieden galten Czepkos Bemühungen der Erweiterung der Rechte der Protestanten. Auch den Bau der Friedenskirche, die der Stadt Schweidnitz im Friedensvertrag zugesprochen worden war, förderte er entscheidend mit. Czepkos politische Tätigkeit, von der seine verschiedenen politischen, kirchenpolitischen und historischen Schriften zeugen, war immer von dem einen Ziel geprägt: die Vereinigung von Religionsfreiheit und Kaisertreue möglich zu machen. – Bei all seiner politischen Tätigkeit blieb Czepko aber immer der unabhängige Gutsherr, der zugleich auch Gelehrter war und dank seinem Wissen der Stadt mit Rat und Tat beistehen konnte. Die Dichtung ruhte auch in dieser Zeit nicht. Das Schäferepos ,,Coridon und Phyllis" wurde zu Ende geführt, neben Gelegenheitsgedichten entstanden satirische Epigramme und wurden die ,,Monodisticha" begonnen. Auch das Interesse an Fragen der Mystik erlahmte nicht. Gerade in dieser Zeit sind Kontakte mit dem Böhme-Schüler Franckenberg belegt[10].

Nach dem Tod seiner Frau übernahm Czepko eine Stelle als Rat am Hofe eines der piastischen Herzöge. In diese Zeit fällt auch seine Nobilitierung, und schließlich gewährte ihm die Ernennung zum königlichen Rat durch den Wiener

---

[9] Das erste Buch des ,,Coridon" endet in einer Hymne auf das Kaiserhaus.
   In den ,,Satyrischen Gedichten" erscheint Ferdinand III. als die große Hoffnung in einer ausweglosen Zeit. (WD 394, 412).
[10] Zwei Stücke der in dieser Zeit entstandenen ,,Satyrischen Gedichte" (V 41, 42) sind Franckenbergs ,,Saephiriel" und ,,Raphael" gewidmet.

Hof eine Genugtuung für die Diskreditierung bei den Habsburgern wegen jener Affäre beim Einmarsch der Schweden in Schweidnitz.

Czepkos Leben (1605–1660)[11] spielte sich zum großen Teil vor dem Hintergrund des Dreißigjährigen Krieges ab, und Czepko erfuhr die damit verbundenen Wirren nicht nur als Zuschauer aus der Distanz, sondern sie kamen ihm als politisch tätigem Mann und als Gutsbesitzer, der selbst schwere Verluste erlitt, in ihrer ganzen bedrängenden Realität nahe. Es ist deshalb nicht verwunderlich, daß diese Erfahrungen auch in Czepkos literarischem Schaffen ihre deutlichen Spuren hinterlassen haben. Es gibt kaum ein Werk, das nicht vom Leiden spricht. Czepkos Dichten ist zutiefst von seiner Zeit geprägt. Er erfährt diese als völlig verdorben und heillos. Hinweise auf die verheerenden Auswirkungen des Krieges sind schon in der „Consolatio" sehr häufig[12], und im letzten Buch dieser Trostschrift rechnet er mit seiner Zeit über fast drei Seiten hinweg ab[13], mit dem Ergebnis, daß er diese Zeit in Grund und Boden verdammt. Czepko spricht von „diesen landverderblichen Empörungen"[14], vom „Zustand des fast unerkennlichen Vaterlandes"[16], und im ersten Buch des Schäferepos „Coridon und Phyllis" wünscht er „dem abgematteten und kranken Vaterlande sichere Ruhe und aufrichtigen Frieden"[16]. In den „Satyrischen Gedichten" finden sich immer wieder Stellen über die Not und das Elend, besonders über die Zustände in Schlesien[17]. Czepko empört sich dabei vor allem über die blutigen Auseinandersetzungen um des Glaubens willen[18]. Selbst in einer Rede auf einen verstorbenen Breslauer Ratsherrn bilden die Kriegswirren den immer gegenwärtigen Hintergrund. Czepko spricht dort vom „Joch der kummerhaften Zeiten" und von „den unruhigen Winden des gegenwärtigen Zustandes"[19]. Czepko erlebt die Erde als Jammertal. Die Bestimmung des Menschen auf der Erde ist das Leiden:

> Der Mensch ist in der Welt an einem solchen Orte . . ., da dies ewige Gesetze allen vorgeschrieben: sterblich sein; darzu gesetzet worden von dem Wahn, der ihr Regente ist: allem Unglücke unterworfen sein. Und dies ist der Befehl der Natur. (GS 156)

[11] Zu Czepkos Lebensdaten siehe Anhang 3.
[12] GS 49, 53, 55, 102, 134, 152, 153, 157, 167.
[13] GS 164 ff.
[14] „Consolatio" GS 53.
[15] Vorrede zur „Pierie" WD 304.
[16] Inhaltsangabe zum ersten Buch des „Coridon" WD 21.
[17] „Satyrische Gedichte" WD 364, 389, 390, 396, 402, 408, 411, 413, 415, 417.
[18] WD 410.
[19] Rede auf Reinhard Rosa 1639 (WD 414 ff.).

Vor einem solchen Hintergrund ist Czepkos tiefe und echte Sehnsucht nach Frieden und Ruhe zu verstehen, die sein ganzes Werk durchzieht. „Friede" und „Ruhe" sind vielleicht die am häufigsten gebrauchten Begriffe bei Czepko. Sie können dabei alle Schattierungen annehmen vom konkreten politischen Frieden, den sich Czepko als Lösung im Dreißigjährigen Krieg herbeisehnt, bis zum Frieden des inneren Menschen und der mystischen Ruhe. Schon in dem frühen Singspiel „Pierie" ist es erstaunlich, wie sehr diese Thematik im Vordergrund steht. Der Stoff dieses Werkes stammt aus der Antike und erzählt vom Aufstand einer ionischen Stadt, dem mit Gewalt begegnet werden soll. Nur dank den Bemühungen eines friedliebenden vornehmen Bürgers dieser Stadt kann ein Bürgerkrieg verhindert werden, und durch die Heirat seiner Tochter Pierie mit dem Prinzen der Ionier endet der Konflikt in Friede und Liebe. Zwei Auffassungen stehen sich in der aufständischen Stadt gegenüber: auf der einen Seite die Überzeugung, der Konflikt müsse mit Gewalt ausgetragen werden, denn nur so lasse sich die Freiheit behaupten, und auf der anderen Seite der Abscheu vor Gewalt und Blutvergießen, der Glaube, daß alles auf gütlichem Weg auszutragen sei und daß die Freiheit gerade nicht darin bestehe, sich mit Gewalt von einer rechtlichen Bindung losreißen zu wollen. Die zweite Auffassung trägt schließlich den Sieg davon. Die Begriffe „Friede" und „Ruhe" kehren in diesem Stück fast aufdringlich oft wieder. Obwohl damit natürlich in erster Linie der politische Friede und die Ruhe im Land gemeint sind, kann ihre Bedeutung sich wenden und an manchen Stellen dem innern Frieden sehr nahe kommen. Die Auffassung, daß Freiheit nicht durch Aufruhr gegen die Obrigkeit zu erlangen sei, erinnert an die mystische Freiheit, die gerade das Gegenteil vom eigenen Willen ist und darin besteht, sich dem Willen Gottes ganz zu lassen.

In einer vergänglichen Welt voller Leiden und einer unsicheren, vom Krieg geprägten Zeit sucht der Mensch nach einem bleibenden Gut, das von dieser Zeit nicht angetastet werden kann:

> Darum müssen wir in den Gütern bleiben, deren Besitzung ewig ist und die keinen andern Erben kriegen als uns. Welche durch keine Furcht noch Gewalt, durch keine Steuer noch Schatzung, durch keinen Aufruhr und Plünderung überwältigt, vergeringert und ganz und gar verwüstet und eingeäschert werden. (GS 55)

Solche ewigen Güter kann der Mensch in der Zeit erreichen, indem er dem Unglück gegenüber unempfindlich, gelassen wird. Diese Gelassenheit braucht dabei durchaus nocht nicht ein mystisches Entwerden zu sein. Sie kann ebensogut die stoische Apatheia, die Unempfindlichkeit dem Leiden gegenüber durch Leidenschaftslosigkeit, sein und im Zusammenhang gesehen werden mit der Neubelebung stoischen Denkens, das im 17. Jahrhundert als eine mögliche Antwort auf die Vergänglichkeit der Welt große Bedeutung erlangte. Auch Czepko, dem die Vergänglichkeit und das Leiden an seiner Zeit zur persönlichen Grunderfahrung wurden, kennt die stoischen Tugenden der „Standhaftigkeit" (GS 156) und der Todesverachtung (GS 157). Das stoische „dennoch" klingt auch bei ihm auf:

> Alle Fälle, alle Stürme und Ströme der Unglückseligkeit werden in einem heroischen Gemüte durch die unüberwindliche Gewalt und Stärke der Tugend verschluckt und verzehret . . . (GS 150)

Gelassenheit und Ruhe als Ausweg aus der heillosen Zeit erschöpfen sich bei Czepko aber nicht in einer stoischen Haltung. Die Gelassenheit wird zu einem Sich-Lassen in Gott, zum vollständigen Aufgeben des Willens und schließlich zum mystischen Sterben. Bezeichnend ist die Fortsetzung des vorhin angeführten Zitates. Es heißt nämlich vollständig:

> Alle Fälle . . . werden in einem heroischen Gemüte durch die . . . Gewalt und Stärke der Tugend verschluckt und verzehret *und in ihr Wesen verwandelt.*

Die „Fälle" sind hier nicht nur Unglücksfälle oder Wechselfälle des Lebens, sondern zusammen mit dem Gegenbegriff „Wesen" weisen sie auf das Begriffspaar „Zufall" und „Wesen" hin, das die im Mittelalter aus der scholastischen Philosophie in den Wortschatz der Mystik eingegangenen Begriffe „accidens" und „substantia" bzw. „essentia" übersetzt. Die Mystik will den Gläubigen von den „Zufällen", von dem, was selbst kein Sein hat, weg zum wahren Sein führen, das in der „unio" mit Gott gefunden wird. Mit der Verwandlung ins Wesen meint Czepko dasselbe, wie wenn Scheffler im „Cherubinischen Wandersmann" dem Menschen zuruft: „Mensch, werde wesentlich!" (Ch. W. II 30).

Was sich hier in Czepkos „Consolatio ad Baronissam Cziganeam" zeigt, ist die alte Verwandtschaft von Stoizismus im weltlichen und Mystik im geistlichen Bereich. Direkt greifbar wird dieses Nebeneinander der beiden Geisteshaltungen in Czepkos eigenem Werk auch in dem frühen, ungefähr gleichzeitig mit der „Consolatio" entstandenen Gedichtzyklus „Gegenlage der Eitelkeit", in dessen Mittelpunkt die Nichtigkeit und Vergänglichkeit des Irdischen, das Unglück und das Leiden, der Tod und der Krieg stehen, wobei wie in der „Consolatio" gelegentlich auch der Bezug zur eigenen leidensvollen Gegenwart hergestellt wird. Als Gegenpol oder „Gegenlage" der Eitelkeit erscheinen dabei nicht nur Vorstellungen aus dem Umkreis der Mystik – die Ruhe, das Aufgeben des eigenen Willens, das geistliche Sterben –, dieser Gegenpol kann mit Begriffen, die einer stoischen Haltung dem Leiden gegenüber entspringen, auch „Tugend" (XIII) oder „Verachtung des Todes" (XX) heißen. In einer ähnlichen Weise verbinden sich mystische Frömmigkeit und stoische Geisteshaltung auch in den Gedichten der Catharina Regina von Greiffenberg, und bei Gryphius gibt es angesichts des Leidens und Schreckens der Welt nicht nur die Möglichkeit einer heroischen Standhaftigkeit, wie sie etwa die Hauptgestalten seiner Märtyrerdramen auszeichnet, diese Standhaftigkeit verbindet sich vielmehr, wie in der „Catharina von Georgien", mit einem tiefen, letztlich unerschütterlichen Glauben an Gott. Beide Haltungen, die tiefe Frömmigkeit wie das stoische Ausharren, sind Möglichkeiten des barocken Menschen und stehen in kausalem Zusammenhang nicht nur mit dem allgemein barocken Gefühl der Vergänglichkeit und Nichtigkeit der Welt, sondern auch ganz direkt mit den konfessionellen und politischen Spannungen dieses Zeitalters. Ein solcher Zusammenhang legt sich besonders bei der Greiffenbergerin nahe, die wegen ihres lutherischen Glaubens gezwungen war, ihre österreichische Heimat zu verlassen und für den Rest ihres Lebens nicht mehr zurückkehren konnte.

In einer Zeit, in der die Kirchen geschlossen werden, wendet man sich ins eigene Innere, wo man die wahre Kirche, die „Herzenskirche", findet[20]. Die Mystik ist eine mögliche Konsequenz dieser Innerlichkeit. Zugleich bedeutet die Herzenskirche aber auch eine Absage an das streng lutherische Schriftprinzip und die Gesetzesfrömmigkeit[21]. Was allgemein am Entstehen der Barockmystik

[20] „Monodisticha", 6. Klingel, GS 268.
„Monodisticha" V 97, 98 (GS 267), VI 84 (GS 276)
„Trostlied" WD 432:

> Wird die Kirche dir verschlossen,
> Schleuss du Gott dein Herze auf.

[21] „Coridon" WD 89:

> Und was bringt ihr in das Licht,
> Die ihr Gottes Wort und Pflicht
> Sucht in Büchern feilzubieten?
> Dieses, dass der Meister Schar,
> So auf hohen Schulen war,
> Drüber Gott und Heil verstritten.

Vgl. auch „Consolatio" GS 129.

beteiligt ist, zeigt sich auch hier: Unter dem Druck der Gegenreformation und zugleich enttäuscht über die Glaubensstreitigkeiten und über die erstarrte Dogmatik der Reformation, sucht man in einer neuen Innerlichkeit das „wahre Christentum"[22]. Von einer entscheidenden Wendung nach innen, zu sich selbst, spricht ein Brief Czepkos an Köler im Mai 1632:

> Valde me delectat solitudo et ager, ubi post tot amicos unum inveni, qui satisfacere mihi videtur; quaeris, quis iste? *Egoipse,* nam amicus mihi esse incipio, ut te fortius et constantius amem, amor meus. Mecum ipse loquor, quod nemo potest, nisi qui sibi, Sapientiae interventu, conciliatur. Omne certe tempus, quod aliis impenditur, nobis decedit. Multi alios quaerunt, se negligunt, et qui secum non loquuntur, ad sui cognitionem non perveniunt, in qua summum bonum est[23].

Ein Mensch, der so spricht, hat die Erfahrung gemacht, daß die wahre Zufriedenheit im „epoipse" gefunden wird, im Gespräch mit sich selbst. Diese Wendung nach innen ist hier aber noch nicht religiöser Art. Das „summum bonum" ist nicht Gott, sondern es besteht in der Selbsterkenntnis an sich, die allerdings in einem nächsten Schritt den Menschen auf Gott verweisen würde. Hier aber ist mit der Selbsterkenntnis vor allem eine bestimmte Haltung beschrieben, die den Menschen der Zeit enthebt und ihn den wahren Frieden finden läßt. Ein solcher Mensch ist einig mit sich selbst – „sibi conciliatur". Diese Einigung aber geschieht „Sapientiae interventu". Damit ist ein für Czepkos Denken zentraler Begriff genannt, der auch in der Dichtung, vor allem in der Gestalt des Weisen, von Bedeutung ist. Vereinzelt steht der Weise als Synonym für den Alchemisten, nicht für den Goldkocher, aber für den der Naturkräfte kundigen „Philosophus", der den Stein des „Weisen" sucht. So erscheint er in den eingangs zitierten Strophen aus der „Rede aus meinem Grabe". Die eigentliche Bedeutung dieser Gestalt ist aber viel umfassender. Der Weise ist zwar derjenige, der Einblick in die Natur hat, doch dank dieser Erkenntnis ist er auch derjenige, der zum Wesentlichen vorgedrungen ist, sich von der Welt abgewendet und den wahren Frieden gefunden hat. Der Weise oder sapiens erscheint geradezu programmatisch im Titel von Czepkos wesentlichster Dichtung, den „Sexcenta Monodisticha Sapientum". Die Figur des Weisen ist aber nicht nur auf die geistliche Dich-

---

[22] Johann Arndts „Vier Bücher vom wahren Christentum" (1605–1609) hatten damals großen Erfolg und fanden weite Verbreitung.
[23] Zitiert nach Hugo Föllmi S. 122.

tung beschränkt. Der Weise ist nicht von vornherein mit dem religiösen Menschen gleichzusetzen. Er ist zunächst ganz allgemein derjenige, welcher das beste Teil erwählt hat und über Zeit und Leiden erhaben ist. „Dem Weisen ist die Welt und Himmel untertan", heißt es bezeichnenderweise schon in dem frühen Singspiel „Pierie" (WD 315).

Ein weiteres Motiv, das in diesen Zusammenhang gehört, ist in dem Brief an Köler angedeutet. Der „ager" – der Acker, das Feld – meint zusammen mit der „solitudo" das ruhige, friedvolle Leben auf dem Lande. In der Dichtung ist das Lob des einfachen ländlichen Lebens, das den überfeinerten und oft verkommenen Sitten des Hofes vorgezogen wird, ein geläufiger Topos. Auch Czepko kennt und verwendet ihn häufig. Wenn er nun in dem Brief an Köler den „ager" und die „solitido" preist und später sich selbst in seinen Dichtungen gern in der Rolle eines Landadeligen sah, der seine Güter bewirtschaftete und sich daneben gelehrten Studien hingibt, so ist das nicht einfach beim Nennwert zu nehmen. Das angeblich zurückgezogene, ruhige Leben hielt ja Czepko nicht davon ab, sich tatkräftig für die Probleme der Stadt Schweidnitz zu verwenden und später das Amt eines Ratsherrn am Hofe eines Piastenherzogs zu übernehmen. Diese Selbstdeutung ist zum großen Teil Topos. Im Zusammenhang mit Czepkos zentraler Thematik, dem Streben nach Ruhe und Frieden, nimmt der Topos aber eine besondere, diesem Dichter eigene Färbung an. Aufschlußreich in dieser Hinsicht ist das erste Buch das Schäferepos „Coridon und Phyllis". Das barocke Schäfermotiv und der Topos vom Landleben werden dort zur Allegorie für den inneren Frieden, und der Hirte ist als der Weise im vorher geschilderten Sinn zu verstehen, wie das zum Beispiel in den folgenden Versen deutlich wird:

> Unterdessen werd ich hin
> Zu den großen Hirten ziehn,
> Zu der Weisheit hellen Sternen.
> Unter ihnen werd ich stehn
> Und bei ihrer Herde gehn,
> Um viel Wunderding zu lernen.
> Denn fürwahr, ihr fehlet sehr,
> Denket ihr, es kann nichts mehr
> Coridon als Schafe weiden:
> Hirten sind vom Himmel her,
> Nichts kommt ihnen ohngefähr,
> Können sich vom Pöfel scheiden. (WD 60)

Hinter dieser allegorischen Gleichsetzung von Hirt und Weisem stehen natürlich, ausgesprochen oder nicht, zuletzt die Hirten der Weihnachtsgeschichte, die im Stall von Bethlehem den Frieden fanden[24], doch der Hirte oder Weise ist auch hier noch in einem allgemeineren, nicht speziell christlichen Sinn verstanden. Im zweiten Buch, das sich zu einem zeitkritischen Gemälde ausweitet, wird dann vor allem das Landleben im Gegensatz zum hoffährtigen Leben von Stadt und Hof hervorgehoben, und im dritten Buch geht das Schäfermotiv über in eine realistische Schilderung des Bauernstandes und des erfüllten Lebens eines Gutsbesitzers auf dem Lande. Auch in den „Satyrischen Gedichten" wird das „selige Landleben" gepriesen[25]. – Das Lob des Landlebens ist zwar ein übernommener Topos, doch vor dem Hintergrund von Czepkos Zeiterfahrung erhält der Topos einen ganz besonderen Sinn. Er wird zur dichterischen Entsprechung seines aufrichtigen Verlangens nach Frieden und Ruhe.

Um seiner Erfahrung vom Unglück und vom Leiden gedanklich zu fassen, bot sich Czepko einerseits die theologische, im besonderen mystische Tradition an, für welche Welt und Kreatur, von Gott getrennt, ein Nichts sind, andererseits der barocke Topos von der Welt als Jammertal, das Motiv der Vanitas Vanitatum. Die Welt ist aber für Czepko doch nicht ganz so hoffnungslos verloren, wie er sie meistens darstellt. Wenn er von der Eitelkeit der Welt spricht, dann meint er damit, obwohl er das nie ausdrücklich sagt, im Grunde nicht die ganze Welt, sondern seine eigene, als heillos erfahrene Zeit. Deshalb gibt es für ihn, wenn es nicht um theologische Spekulation geht, durchaus die Möglichkeit einer Besserung. Czepko setzt große Hoffnungen auf die Beendigung des Krieges und einen Friedensschluß. Ein Mensch, der sich den Frieden in hymnischen Tönen ausmalen kann[26], der Kaiser Ferdinand als Friedensheld feiert[27] und der sagen kann, als ein Friedensschluß wahrscheinlich scheint: „Ihr Weisen habet recht, die goldne Zeit geht an"[28], ein solcher Mensch glaubt an eine Änderung der gegenwärtigen Zustände. Schon allein die Tatsache, daß für Czepko Satire möglich ist[29], zeigt, daß für ihn die Welt im Grunde verbesserungsfähig ist. Ebensowenig

---

[24] Hinweis auf die Hirten der Weihnachtsgeschichte im ersten Buch des „Coridon" selbst: WD 89
Vgl. auch „Monodisticha" II 95 (GS 238) und „Semita Amoris Divini" I 2,6 (GS 318f.).
[25] „Das selige Landleben" WD 375, vgl. auch WD 364, 369.
[26] „Coridon und Phyllis", erstes Buch, WD 63–70.
[27] „Sat. Ged." V 2 (WD 394).
[28] „Sat. Ged." V 4 (WD 395).
[29] „Satyrische Gedichte"; „Coridon und Phyllis", zweites Buch, vgl. Inhaltsangabe zu diesem zweiten Buch:

> Das andere Buch ist gleichsam eine offentliche Stachel- und Schimpfschrift (WD 73)

ist die Ruhe, ein Begriff des Quietismus, der bei Czepko zentrale Bedeutung hat, im wörtlichen Sinn von Untätigkeit oder beschaulichem Leben zu verstehen. Der Stellenwert, den bei Czepko geistliche Größen einnehmen, zeigt sich besondes gut am Verhältnis von Glauben und Werken. Schon früh setzt sich die Überzeugung durch, daß zwar der Glaube im Sinne der lutherischen Rechtfertigungslehre allein ausschlaggebend sei, daß aber ein Glaube, der keine guten Werke zeitigt, verwerflich sei[30]. Czepko wendet sich entschieden gegen die Gefahr der Selbstgerechtigkeit durch eine allzu einseitige Auslegung der Rechtfertigungslehre, gegen den „sicheren Glauben"[31]. Daß Czepko im Grunde zwischen geistlicher Realität und dem äußeren Leben unterscheidet, zeigt auch eines der „Satyrischen Gedichte", in dem er einen religiösen Fanatiker, der um seines Seelenheils willen in Armut lebt, kritisiert und ihm zuruft: „Du mußt geist- und nicht geldarm sein, willt du bestehn!" (WD 392). So ist auch die Ruhe ein geistlicher Wert, der mit der konkreten Lebensform nichts zu tun hat. Der Begriff hängt vielmehr zusammen mit der Ruhe im Lande, dem politischen Frieden. Es ist das Bedürfnis nach Sicherheit in einer unsicheren Zeit, das Czepko über die Ruhe spekulieren läßt. Wie sehr beides zusammengehört, kann ein Verspaar aus dem „Coridon" illustrieren:

> Ruh erwähln bringt Sicherheit,
> Kriege führn Verderb und Leid. (WD 69)

Der Zusammenhang zwischen der politisch und konfessionell spannungsreichen Zeit und dem erneuten Interesse an der Mystik im Zeitalter des Barock zeichnet sich in Czepkos Werk besonders deutlich ab. Der Begriff der Mystik darf dabei allerdings nicht in dem ausschließlichen Sinn einer in Leben und Denken vom unio-Erlebnis bestimmten Frömmigkeitsform verstanden werden. Sonst läuft man Gefahr, Czepko als einen Synkretisten zu bezeichnen, dem die Mystik reine Denkmöglichkeit ist, die nicht über die Spekulation hinausgreift

---

[30] „Coridon" WD 87:

> Glauben, wo nicht Werke sein,
> Ist ein Ton, ein Wahn, ein Schein,
> Welche alle Dinge rauben.
> Glaubet, dass sich ihrer viel
> Ausser ihres Glaubens Ziel
> Daran in die Hölle glauben.

Vgl. auch „Monodisticha" V 22, 72; „Semita" GS 311 ff., 345.
[31] „Coridon" WD 86; „Monodisticha" III 2,4,70.

und auch hier nur eine Möglichkeit unter anderen bleibt. Wenn Czepko mystische Gedanken aufgreift, so geht es ihm nicht so sehr um eine systematische Grundlegung der christlichen Existenz vom unio-Erlebnis her als darum, auf die konkrete, als heillos erfahrene Gegenwart eine mögliche Antwort zu finden. Übernommene Begriffe verlieren dabei ihre absolute Geltung und verändern sich allmählich in ihrer Bedeutung. Die Mystik im strengen Sinn ist nur noch Teil einer Frömmigkeit, die zwar dem Gläubigen als Ausweg aus einer unruhvollen Zeit den mystischen Weg nach innen weist, die aber nicht einer bestimmten Richtung oder Lehre verpflichtet ist, sondern offen bleibt für Gedanken und Anregungen verschiedenster Herkunft, solange diese nur dem einen Ziel, dem wahren Frieden, dienen. Dieses Ziel ist schließlich der gemeinsame Nenner nicht nur der religiösen Spekulation Czepkos, sondern auch eines wesentlichen Teils seines tätigen Lebens. Das tiefe Verlangen nach Frieden und Ruhe, das ihn für mystische Gedanken empfänglich macht, steht auch hinter seinen irenischen Bestrebungen auf kirchenpolitischem Gebiet. Einmal glaubte Czepko zwar noch an die Möglichkeit, daß die Protestanten sich durch Gewalt Recht verschaffen könnten, und erhoffte sich Hilfe vom Eingreifen der Schweden (vgl. WD 429ff.). Seit er sich aber selbst eingehender mit religiösen Fragen beschäftigte, galt nur noch die Überzeugung, daß Glaubensfragen nicht durch Krieg gelöst werden:

> Das Wort, das aller Welt den Frieden saget an
> Und Gnade heißt und uns durch Gnade wird gegeben,
> Das soll, ach Schand, ach Spott, der wilde Krieg erheben
> Und durch verbotne Dienst ihm öffnen Tür und Bahn. (WD 410)[32]

Die Gewalt wird aber nicht aufhören, solange der konfessionelle Streit weitergeht. Auch die schwedische Hilfe wird jetzt abgelehnt[33]. Der einzige Weg zum Frieden ist die Verständigung der Konfessionen, der religiöse Friede, der nur auf dem Weg der Glaubensfreiheit zu erreichen ist. Diese ist das Ziel aller politischen Bemühungen Czepkos. Sie würde es auch einem Protestanten ermöglichen, im Frieden zu leben und zugleich ein treuer Untertan des Kaisers zu sein, was Czepko selbst immer zu sein versuchte.

Meine bisherige Darstellung der Persönlichkeit Czepkos war vielleicht allzu sehr auf das Schema von Ursache und Wirkung ausgerichtet. Das Streben nach

---

[32] Vgl. auch „Semita" II 20 (GS 340): „Petrus' Schwert".
[33] „Sat. Ged." VI 6 (WD 408)

Ruhe und Frieden, dessen eine Ausprägung die Neigung zur Mystik ist, wurde als Folge von Czepkos negativer Zeiterfahrung gesehen. Ebensogut könnte man das Verhältnis umkehren und sagen: die Mystik war zuerst; der Kontakt mit mystischen, insbesondere quetistischen Gedanken lehrte Czepko erst, in der Ruhe das höchste Gut und im Gegensatz dazu die Welt als einen ewig ruhelosen, unseligen Ort zu sehen. Die Wahrheit wird in Wirklichkeit dazwischen liegen. Was im Keim schon vorhanden war, erfuhr durch das Erlebnis im Hause Czigan seine Klärung. Czepko fand hier die gedanklichen Grundlagen, mit denen er seine Erfahrungen fassen und weiterdenken konnte. Die beiden Teile des Verhältnisses, das Denken, dessen Mittelpunkt die Werte Ruhe und Friede bilden, und die Zeiterfahrung, stehen in einem wechselseitig bedingten Zusammenhang. Dieser Zusammenhang scheint mir bedeutender zu sein als der Gedanke des Todes, den einige Interpreten ins Zentrum von Czepkos Denken stellen wollen[34]. Solche Deutungen beruhen vorwiegend auf den Schriften, die Czepko im Zusammenhang mit Todesfällen verfaßte und die naturgemäß den Tod in den Vordergrund rücken[35]. Das mystische Sterben als eine Form der Ruhe ist sicher bedeutend bei Czepko, doch eröffnet gerade nicht erst der reale Tod „den Eintritt in das höchste Glück der Vereinigung mit Christus"[36]. Es geht Czepko, der sich so sehr nach einem Ausweg aus dem leidensvollen Zustand der Welt sehnt, um den Frieden in der Zeit. Nicht nur der politische, sondern ebensosehr der innere Friede wird in der Zeit gesucht. Czepko fordert den Leser seiner „Monodisticha" auf, jetzt und nicht erst morgen zur Ruhe aufzubrechen[37]. Selbst in der „Consolatio ad Baronissam Cziganeam", die die Adressatin ja über den Tod ihrer Schwester trösten soll, heißt es, daß Gott nur in der Zeit erkannt werde (GS 119). Wie das Motiv von der Erde als einem Jammertal, so ist auch die Hoffnung

---

[34] Werner Milch: „Daniel Czepko. Persönlichkeit und Leistung" S. 172 u. a.
  F. W. Wentzlaff-Eggebert:
  – „Die Wandlungen im religiösen Bewußtsein Daniel von Czepkos", S. 491, 494 u. a.
  – „Das Problem des Todes in der deutschen Lyrik des 17. Jhs.", Palaestra 171, 1931, vor allem S. 139–148.
  – Abschnitt über Czepko in „Deutsche Mystik zwischen Mittelalter und Neuzeit".
  Auch Ruth Müller spricht, in Anlehnung an Milch und Wentzlaff-Eggebert, von Czepko als von einem „Dichter des Todes" (S. 144 u. S. 97, 229).
[35] „Consolatio ad Baronissam Cziganeam" GS 31–173.
  „Trostschrift an Charisius", Zusammenfassung in GS XLff.
  „Parentatio an die Herzogin Louise", abgedruckt bei Milch S. 137–144.
  „Rede aus meinem Grabe" GS 391–398.
[36] Wentzlaff-Eggebert, Deutsche Mystik S. 192.
[37] z. B. „Monodisticha" II 18: „Das verdammte ‚morgen' ".

auf den Tod in den erwähnten Schriften zu einem guten Teil Topos. Das Leben ist nicht „vom Tode her überformt"[38], Czepkos Devise lautet vielmehr:

> mit eingezogenen Sinnen nach dem höchsten Gut streben, das die meisten im Himmel suchen und doch niemand findet als auf Erden[39].

2. Der Mystiker

Im Gegensatz zum Mittelalter wird seit der Renaissance in vermehrtem Maße die Natur in das religiöse Erleben einbezogen. Besonders in Kreisen, die abseits der Kirche stehen und nicht theologisch gebunden sind, spielt die Naturspekulation eine immer größere Rolle. Die Einflußnahme der Naturspekulation auf das religiöse Denken hängt zusammen mit dem Wiederaufleben des Platonismus in seiner neuplatonischen Form seit dem 15. Jahrhundert. Das Vordringen neuplatonischer Vorstellungen war um so eher möglich, als das religiöse Denken, zumindest was die Mystik betrifft, für neuplatonische Gedanken schon immer offen gewesen war. Die Lehre von den Emanationen, wonach auch das niedrigste Wesen noch ein Ausfluß des ersten Prinzips ist, ermöglicht es der Vernunft, das Höchste, das im christlichen Bereich Gott ist, induktiv aus den Einzeldingen abzuleiten. Neben der alten Möglichkeit, durch Frömmigkeitsübung, sei es durch Gebet und gute Werke oder auf mystischem Weg, zu Gott zu gelangen, tut sich eine neue Möglichkeit auf: der Weg der Naturspekulation. Hier hat die Vorstellung von den zwei Wegen, dem Weg des Wissens und dem Weg des Glaubens, die beide zu Gott führen und die beide mit gleichem Recht beschritten werden, ihren Ursprung. Sie findet sich auf deutschem Gebiet schon bei Paracelsus, der, obwohl selbst kein Mystiker, von großer Bedeutung für die Ausformung der protestantischen Mystik des 16. und 17. Jahrhunderts ist. Paracelsus unterscheidet zwischen dem Licht der Natur und dem Licht der Gnade oder Weisheit. Dem ersten wandte er sich als Arzt und Naturforscher zu, wobei bezeichnend ist, daß die Heilkunde für ihn nie nur Selbstzweck hat, sondern immer im Gesamtrahmen eines naturphilosophischen Weltbildes steht. In späteren Jahren ging Paracelsus dann vermehrt auch den zweiten Weg, zog predigend umher und geriet dabei in Konflikt mit der lutherischen Lehre. Eine Verbindung der para-

---

[38] Wentzlaff-Eggebert, Deutsche Mystik, S. 200.
[39] Vorrede zu „Coridon und Phyllis" WD 15.

celsischen Naturphilosophie mit der Mystik strebt Valentin Weigel, der nachreformatorische Mystiker, an. Er selbst war lutherischer Geistlicher, wandte sich aber in seinen Schriften von einer erstarrten Orthodoxie ab. Die beiden Wege erscheinen bei ihm nicht mehr nur als zwei voneinander unabhängige Möglichkeiten, sondern werden zu einer neuen Einheit verbunden. Ihren Höhepunkt erreicht dann die Synthese von Mystik und Naturspekulation in Jakob Böhmes großartiger mystischer Schau von Gott, dem Kosmos und dem Menschen.

In dieser Traditionslinie steht auch Czepko. Neuplatonisches Denken ist ihm von Anfang an geläufig. Der Name Platos wird in seinen Schriften mehrmals genannt[40], und im Zusammenhang mit einer Stelle, die die Personen der Trinität im Sinne der neuplatonischen Emanationslehre als Ausflüsse des untrennbar Einen, der Gottheit, deutet, wird auch auf Dionysius Areopagita verwiesen[41]. In manchem steht Czepko Valentin Weigel nahe, dessen Einfluß vor allem in der ,,Consolatio ad Baronissam Cziganeam" greifbar wird. In Weigels Schriften verbindet sich paracelsische Naturwissenschaft und -philosophie mit Gedanken der mittelalterlichen deutschen Mystik. Weigel beruft sich auf Eckhart, Tauler und die Deutsche Theologie. Für Czepko scheint vor allem der spekulative Ansatz der Eckhartschen Mystik bedeutend zu sein, und für einzelne Stellen in seinem Werk lassen sich denn auch häufig Parallelen bei Meister Eckhart finden. Czepko muß auch mit den Schriften Taulers oder doch wenigstens mit solchen, die Tauler zugeschrieben wurden, vertraut gewesen sein, denn auf einem Exzerptzettel zur ,,Consolatio" weist er ausdrücklich auf diesen hin (GS 402/403). Zur eingehenden Beschäftigung mit alchemistischen Schriften und verschiedenen, oft mit der Alchemie einhergehenden Formen geheimen Wissens wurde Czepko wohl durch den Böhme-Schüler Abraham von Franckenberg angeregt, den er, wie aus Czepkos Werk hervorgeht, mit Sicherheit kannte und mit dem ihn sogar, zumindest in den späteren Jahren, eine herzliche Freundschaft verband[42]. Aus Franckenbergs Besitz ist uns eine ziemlich große Anzahl von Büchern erhalten geblieben, die uns den Umkreis des Denkens, wie es in Franckenbergs Kreis gepflegt wurde, andeuten können. Neben Schriften protestantischer sowie älterer und neuerer katholischer Mystiker stand in Franckenbergs Bibliothek auch eine ganze Reihe von Büchern aus dem Gebiet der Alchemie und Magie[43]. In diesen Zusammenhang gehört auch Czepkos Beschäftigung mit den

---

[40] ,,Consolatio ad Baronissam Cziganeam" GS 38.
,,Deutscher Phaleucus" GS 213.
Vorrede zur ,,Semita Amoris Divini" GS 284 ff.
[41] Vorrede zur ,,Semita" GS 300.
[42] Belege für Czepkos Berührung mit Franckenberg: siehe Anhang 4.
[43] Siehe Anhang 5.

Lehren des Hermes Trismegistos und des Pythagoras, die beide in seinen Werken eine gewisse Rolle spielen[44]. Mit den Schriften Jakob Böhmes wurde Czepko wohl nicht erst durch Abraham von Franckenberg, sondern schon im Hause der Barone Czigan bekannt, so daß schon in seinen frühen Werken mit einem Einfluß Böhmes gerechnet werden darf.

Mit diesen Namen sind nur die wichtigsten Zusammenhänge angedeutet. Im einzelnen Abhängigkeiten feststellen zu wollen dürfte schwerfallen, da im 17. Jahrhundert vielfältige, zum Teil konvergierende Strömungen zusammenlaufen und wir zudem nie wissen können, wieviel Czepko nur aus zweiter Hand übernommen hat. Wenn Stellen in seinem Werk an mittelalterliche Mystiker anklingen, so brauchen sie nicht direkt auf diese zurückzugehen. Ebensogut können sie, um nur die zwei naheliegendsten Namen zu nennen, durch Valentin Weigel oder durch Abraham von Franckenberg, den eifrigen Sammler und Bewahrer älteren Gedankenguts, vermittelt sein. Wenn wir zudem Czepkos vielseitige Bildung in Betracht ziehen – man denke nur an den umfassenden Wissenschaftskatalog, den Czepko im Widmungsgedicht zu den ,,Monodisticha" gibt und der eine ganze Reihe von Gelehrten seiner Zeit anführt –, so ergeben sich im einzelnen zahllose weitere Möglichkeiten von direkten oder indirekten Einflüssen. Als ein wichtiger Faktor in Czepkos religiösem Denken bleibt schließlich noch seine Bindung ans Luthertum zu erwähnen. Wenn er auch das äußerliche, starre Festhalten am Schriftprinzip ablehnt und selbst für vielfältige andersartige Anregungen offen ist, so bleibt für ihn doch die Lehre von der Rechtfertigung durch den Glauben an Jesus Christus als oberstes Prinzip seiner Frömmigkeit immer bedeutend.

Grundlegend für Czepkos Denken – welchen Quellen auch immer es im einzelnen verpflichtet sein mag – ist die enge Verbindung der religiösen Spekulation mit der Naturphilosophie. Die Vorstellung von den zwei Wegen prägt alle Schriften Czepkos geistlichen Inhalts. In der Verswidmung zu den ,,Monodisticha", dem ,,Deutschen Phaleucus", erscheinen sie einerseits als zwei Straßen, andererseits als zwei Bücher, von denen das eine das Buch der Natur, das andere die Heilige Schrift ist. Beide Wege führen zum Ziel, doch das Ideal ist ihre Vereinigung:

> Gut: der Weisheit in der Natur nachschlagen,
> Besser: Seligkeit in der Schrift erfragen,

---

[44] ,,Deutscher Phaleucus" GS 213, Vorrede zur ,,Semita Amoris Divini" GS 280 f., ,,Monodisticha" GS 268, 275; vgl. auch S. 42, S. 100.

An dem besten: Natur und Schrift vergleichen
Als der göttlichen Weisheit feste Zeichen. (GS 218)

Derjenige, welcher die beiden Wege in sich vereinigt und so das beste Teil erwählt hat, ist die Gestalt, die im Mittelpunkt der „Sexcenta Monodisticha Sapientum" steht: der Weise. Diesen Weisen, der zugleich religiöser Mensch und der Natur und ihrer Geheimnisse kundiger Gelehrter ist, den Mystiker also in einem weiteren Sinn, hat dieses Kapitel zum Gegenstand. Er soll anhand von drei Prosaschriften zur Sprache kommen, nämlich der frühen „Consolatio ad Baronissam Cziganeam" sowie zwei späteren Werken, der Vorrede zur „Semita Amoris Divini" und der handschriftlichen Fassung der „Parentatio an die Herzogin Louise". Es wird sich dabei auch erweisen, welche Stelle die eigentliche Mystik in Czepkos Denken einnimmt und wie weit er als Mystiker im engeren Sinn angesprochen werden kann.

a) Naturspekulation und Mystik in der „Consolatio ad Baronissam Cziganeam"

Die „Consolatio ad Baronissam Czigaeam" entstand noch während Czepkos Hauslehrerzeit bei den Baronen Czigan und ist an die Schwester seiner Brotherrn, an Barbara Czigan, gerichtet, die mit der Schrift über den Tod einer ihr nahestehenden Schwester getröstet werden sollte. Das Werk gehört zur Gattung der Erbauungs- und Trostliteratur, deren Anfänge bis in die Antike zurückgehen. Czepko selbst weist auf diese Herkunft der Gattung hin, wenn er auf dem schon erwähnten Exzerptzettel zur „Consolatio" die Namen Senecas und Plutarchs nennt (GS 403). Sowohl Seneca wie Plutarch haben selbst Trostschriften verfaßt[45], doch sind unter ihrem Namen auch solche unbekannter Verfasser überliefert, die ebenfalls als Vorbilder für die „Consolatio" in Frage kommen, so die Plutarch zugeschriebene reichhaltige „Consolatio ad Apolloniam" oder die unter dem Namen Senecas laufende Schrift „De morte", die in einer von einem späteren Abschreiber stammenden Randbemerkung als Quelle wenigstens für eine besondere Stelle der „Consolatio" nachgewiesen wird (GS 402). Von der mittelalterlichen Trostliteratur, für die Boethius' „De consolatione philosophiae" zum großen Vorbild wurde, ist in diesem Zusammenhang etwa die erste Trostschrift in deutscher Sprache, Eckharts „Buch der göttlichen Tröstung", zu

---

[45] Seneca: Consolationes „Ad Marciam", „Ad Helviam", „Ad Polybium".
Plutarch: Trostschreiben an seine Frau beim Verlust eines Kindes; Abhandlung über die Verbannung.

nennen, das Eckhart für die Königin Agnes von Ungarn verfaßte, nachdem ihr Vater, Albrecht I. von Habsburg, ermordet worden war. Im Zeitalter der Reformation und in nachreformatorischer Zeit orientiert sich die Gattung vor allem an Luther[46]. Eine beliebte Erbauungsschrift des 17. Jahrhunderts sind dann die „Vier Bücher vom wahren Christentum" von Johann Arndt (1555–1621), deren viertes Buch, der „Liber naturae", möglicherweise vorbildlich auf Czepko gewirkt hat. Ähnlich wie in der „Consolatio" wird hier eine umfassende Darstellung der Schöpfungsordnung entworfen, um so dem Leser die Güte und Weisheit Gottes zu veranschaulichen. Zur Gattung der Erbauungsliteratur gehört auch das bekannte Sterbebüchlein des lutherischen Pfarrers Martin Moller (1547–1606), das „Manuale de praeparatione ad mortem", das Czepko gekannt und geschätzt haben muß, da er ein Exemplar davon seiner Frau mit ins Grab gab (Milch S. 101). Dieses Werklein mag mit als Vorbild für die „Consolatio" gedient und auch einzelne Gedanken angeregt haben (Milch S. 101), doch ist die schlichte Art, mit der hier Glaubenswahrheiten verkündet und mit Bibelstellen belegt werden, weit entfernt von der spekulativen Tiefe der „Consolatio". Auf ein weiteres Vorbild weist schließlich der auf dem Exzerptzettel mehrmals genannte Name Molinaeus hin. Damit ist der reformierte französische Theologe Pierre Du Moulin (1568–1658), in latinisierter Form Petrus Molinaeus, gemeint, dessen Schriften zu seiner Zeit weit verbreitet waren und oft in andere Sprachen, darunter auch ins Deutsche, übersetzt wurden. Die Molinaeus-Zitate des Exzerptzettels, dazu verschiedene Stellen des endgültigen Textes der „Consolatio" lassen sich alle zurückführen auf Du Moulins „Du Combat Chrestien ou des Afflictions", ein Trostbuch, das bedrängten Christen in Notlagen wie Krankheit, Armut, Verlust eines nahestehenden Menschen usw., im besonderen aber der reformierten Kirche in Paris, für die die Schrift ursprünglich verfaßt war, in ihren Anfechtungen christlichen Trost gibt und Mut zuspricht. Was Czepko an Du Moulins Werk interessiert, sind allerdings weniger die Trostgründe als die vielen anschaulichen Vergleiche, die bei ihm zudem meist in einem vom Original verschiedenen, seinem eigenen Zweck entsprechenden Zusammenhang erscheinen. Im „Combat Chrestien" heißt beispielsweise eine Stelle[47]:

---

[46] Luther: „Tesseradecas consolatoria pro laborantibus et oneratis" 1520.
„Sermon vom Sterben" 1519.
„Betbüchlein" 1522.
Dazu Trostbriefe, -traktate und -sermone.

[47] Zitiert nach einer zeitgenössischen deutschen Übersetzung:

> Opera didactica Petri Molinaei, Bern 1623:
> Der dritte Traktat: Kampfplatz der Kindern Gottes. Das ist: von den Anfechtungen und Trübsalen, damit die Gläubigen stetig zu kämpfen haben, S. 313.

Die Gottesforcht kann sich gar schwerlich mit einem neidischen Geist . . . vereinbaren, sittemalen er mithin etliche heimliche Schmerzen verdecket und sich mit trauriger Schwermut nähret, auch zugleich allen Segen Gottes verderbet, nicht anderst dann wie ein Schneck die schönen Blumen mit seinem Geifer besudelt.

Czepko notiert sich den Vergleich von der Schnecke, doch spielt für ihn der Neid, der Ausgangspunkt von Du Moulins Vergleich, überhaupt keine Rolle mehr; es geht ihm nur noch um die Traurigkeit an sich und deren schädliche Wirkung auf das Gemüt:

Wie eine Schnecke eine schöne Blume besudelt, indem sie darüber gehet und ihren Schleim darauf lässet, also die Traurigkeit ein Gemüte.

(Exzerptzettel zur ,,Consolatio", GS 403)

Der Inhalt der ,,Consolatio ad Baronissam Cziganeam" ist sowohl durch die Gattung als auch durch die Adressatin bestimmt. Der Tod und seine Überwindung ist natürlicherweise die Leitidee des Werkes und braucht nicht tale quale als Czepkos eigenstes Anliegen aufgefaßt zu werden. Die Gedanken und Argumente, die in diesem Zusammenhang vorgebracht werden, sind zudem zunächst einmal eine Huldigung an die Adressatin und ihre Brüder[48]. So dachte man eben im Kreise der Czigans, und Czepko als der Untergebene suchte natürlich ihnen zu gefallen. Barbara Czigan selbst kannte ,,heilige Bücher", hatte ,,sonderbare Geschichte" gelesen und befleißigte sich geistlicher Übungen (GS 158). So ist es denn auch nicht bloße Demutsformel, wenn Czepko sagt, was er schreibe, sei nicht eigentlich sein Eigentum, sondern er habe es von seinen Gönnern ,,ausgeliehen" (GS 159 u. a.). Trotzdem ist diese Trostschrift nicht nur eine durch die Interessen der Adressatin bedingte Häufung von Gedanken, routinemäßig gefertigt. Der eindringliche, manchmal begeisterte Ton lassen auf Czepkos persönliche Anteilnahme schließen; vor allem aber deutet eine Stelle, die seine Bemühungen rechtfertigen soll, ein klares Bekenntnis zu der Schrift an:

. . . und doch, wann gleich meine Zusammenlesung dieser Schrift keinen andern Nutzen wirkete, so lasse ich mir doch an meiner Mühe genügen, die mir mehr gebracht, als die ganze Welt hoffen darf. (GS 159)

[48] GS 159–162: Huldigung an jeden einzelnen der Brüder, die alle mit Namen genannt sind.

Den Tod und seine Bedeutung in der Ordnung der Dinge in der richtigen Perspektive vor Augen zu führen und so Barbara Czigan über ihren Schmerz hinwegzuhelfen ist das Ziel des Werkes. Czepko bietet zu diesem Zweck eine Fülle naturwissenschaftlichen, naturphilosophischen und mystischen Materials auf und entwirft vor Barbara Czigan eine großartige Darstellung des ganzen Universums. In einer deutenden und ordnenden Zusammenfassung sollen im folgenden die wesentlichsten Punkte der Schrift zur Sprache kommen.

Anfang und Ende der Schöpfung, der Grund allen Seins, ist das ungeschaffene, wesenlose Eine, das jenseits alles Seienden, ja selbst über Gott ist, das Nichts, das auch die vollkommene Ruhe genannt wird. Doch dieses Nichts ist nicht einfach die Negation des Seins. Es ist, in Czepkos Worten:

> ... ein solches Nicht, das doch etwas, ich weiß nicht was, soll und muß genennet werden, daraus alle Dinge gemacht und wieder gebracht werden. (GS 82)

Aus diesem „Nicht" oder Nichts faltet sich das Seiende in stufenweiser Konkretisierung aus bis zur sichtbaren Gestaltwerdung in den Kreaturen. Hinter einer solchen Vorstellung steht der neuplatonische Emanationsgedanke, wonach die Vielfalt des Seienden als Ausstrahlungen oder Ausflüsse aus dem Einen hervorgeht. Begriffe wie „Strahlen", „ausstrahlen", „fließen" sind dementsprechend häufig in der „Consolatio", und wenn „Plato der Göttliche" als Autorität genannt wird (GS 38), so ist es der durch die neuplatonische Tradition vermittelte Plato.

In einer ersten Konkretisierung wird das Nichts zum lebengebenden Prinzip, aus dem heraus alles Seiende gewirkt wird, aus dem alles Leben oder „Wesen" quillt. Das „Nicht", das selbst über der Natur ist, „setzt sich zum Mittel in das Innerste der Natur" (GS 82). Dieses „Mittel" der Natur, der Mittelpunkt, ist die „erste Ursache" oder Gott, nun im Gegensatz zu dem gestalt- und wesenlosen Einen „das Einige" genannt (GS 82). Aus dieser ersten Ursache entfaltet sich alles Seiende nach dem Muster von Wurf und Gegenwurf, von Satz und Gegensatz. Die äußere Gestalt wird aus dem Innern, dem wirkenden Mittelpunkt, „entworfen". Das Prinzip entfaltet sich in seinem Gegenwurf, der sichtbaren Gestalt: Gott „entwirft" sich in der Schöpfung. Er gibt sich in die Dinge als deren Mittelpunkt oder Seele und wirkt von hier aus ihren Leib. Nicht nur der Mensch, sondern alle Dinge, auch die Erde, die Gestirne, die Steine, haben eine Seele, die in der jeweiligen kreatürlichen Gestalt ihren Gegenwurf findet. Jedes Ding wird so zu einer Schöpfung in sich, die aus sich selbst, aus ihrem Mittelpunkt heraus, besteht:

Alles schaffet sich aus seinem ewigen Wesen
und bringet seine Erde vom Himmel. (GS 99)

Die Erde, hier synonym mit dem Körperlichen, ist der Gegenwurf des Himmels. Ebenso erscheint die Zeit als das kreatürliche Gegenstück der Ewigkeit, und schließlich gilt nach dem biblischen Schöpfungsmythos, wonach Gott den Menschen nach seinem Bilde schuf, daß der Mensch der Gegenwurf Gottes ist. Wurf und Gegenwurf sind zwei Aspekte derselben Sache. Das Unsichtbare offenbart sich im Sichtbaren. Das Geistige konkretisiert sich in seinem Gegenteil, der körperlichen Realität. Es sind Gegensätze, doch diese Gegensätze bilden zugleich eine untrennbare Einheit. Für diese Einheit braucht Czepko auch das bekannte Bild des Kreises: Der Mittelpunkt, das „Mittel", in dem das Leben punktförmig enthalten ist, dehnt sich in der leiblichen Gestalt zum Kreis aus. Umkreis und Mittelpunkt stellen aber zusammen ein in sich geschlossenes Gebilde dar. Die Verbindung der Gegensätze zu einem Ganzen ist das große Wunder. Zwischen der Seele und dem Leib liegt „das unerforschliche Mittel der heimlichen Vereinigung" (GS 111). „Mittel" meint in diesem Zusammenhang einerseits etwas Dazwischenliegendes, das, was in der Mitte zwischen zwei Dingen liegt – diese Bedeutung hat das Wort ja heute noch in den Adjektiven „mittelbar" und „unmittelbar" –, andererseits ist es das Verbindende oder das Binde-Mittel, das zwei Dinge zu einem Ganzen zusammenfügt. Als Einheit der Gegensätze ist die Verbindung von Leib und Seele aber paradox, und statt vom „unerforschlichen Mittel" zu sprechen, kann Czepko deshalb ebensogut sagen, der Leib werde „ohne Mittel", d. h. unmittelbar, aus der Seele geschaffen.

Aufgrund der Überzeugung, daß „das Ganze, in dem alle Dinge sind, in einem jedweden Dinge eingeschlossen" ist (GS 46), ergeben sich vielfältige Analogien, die die gesamte Schöpfung vom Höchsten bis zum Niedrigsten durchziehen. Gott ist der Mittelpunkt, von dem alles Leben ausgeht. Ebenso ist die Sonne ein gewaltiger Mittelpunkt, der allen Körpern und Wesen in seinem Umkreis Leben verleiht. Unter den Metallen vertritt das Gold die Stelle der Sonne, und unter den vier Elementen ist das Feuer das lebengebende Prinzip. Wenn Czepko Gott, Sonne, Gold, Feuer zueinander in Beziehung setzt, so steht er in einer alten Tradition. Diese Bezüge galten schon im hierarchisch gegliederten Weltbild des Mittelalters, dem Entsprechungen zwischen Dingen verschiedener Ebenen geläufig waren. Die Vorstellung, daß wesensgleiche Dinge sich zu Ketten oder Reihen zusammenschließen, ist dann vor allem in der neuplatonisch geprägten Naturspekulation seit der Renaissance weit verbreitet. Sie beruht auf dem Emanationsprinzip, wonach das Eine auch noch im niedrigsten Wesen enthalten ist. Czepkos Analogien sind diesem neuplatonischen Ansatz verpflichtet, indem sie nämlich über bloße Entsprechungen hinausgehen. An den Ausführungen über das göttliche und irdische Feuer wird deutlich, daß er im Grunde ein Identitätsverhältnis meint. Diese Ausführungen münden in den Satz:

> Ob aber gleich alles Licht gegen dem himmlischen Feuer Nacht ist, so ist es doch dasselbige Licht. (GS 90)

Das irdische Feuer ist dem „ersten Licht" (GS 90) bei allem Abstand doch gleich. Das Feuer *ist* Gott. In der Analogiereihe kann das eine für das andere stehen. So erscheint im Abschnitt über die Sonne (GS 86 ff.) diese, und nicht wie sonst Gott, als die wirkende Kraft in allen Dingen, und wenn Czepko den Anteil der vier Elemente am menschlichen Organismus betrachtet, so setzt er das Feuer, das dem Körper vom Blutkreislauf aus Wärme spendet, mit der Seele gleich (GS 111). Vor einem solchen Hintergrund erhält das Wort vom „Seelenfunken" (GS 88) plötzlich eine konkrete Bedeutung, und wenn Czepko Gott eine „ewige Sonne" nennt (GS 36), so ist das zwar der alte Topos, der Gott und Sonne zueinander in Beziehung setzt, doch ist der Ausdruck in diesem Zusammenhang zugleich mehr als eine metaphorische Gleichsetzung[49].

Die Ausfaltung des Seienden aus dem „Nicht" ist nicht einmal zu einem bestimmten Zeitpunkt in der Vergangenheit geschehen, sondern Schöpfung geschieht jetzt und ewig. Das Sein muß den Geschöpfen jederzeit verliehen werden. Die Ausfaltung ist aber nur der eine Teil dieses ontologischen Geschehens. Dem Ausfließen schließt sich die rückläufige Bewegung, zurück in den Ursprung, an, womit sich der Kreis, die neuplatonische goldene Kette, schließt. Da alles ewig aus dem Einen fließt und so immer in dem Einen bleibt, ist das Ziel aller Bewegung wieder das Eine, das „Nicht" oder die Ruhe. Alles läuft in sich selbst zurück. Die Bewegung ist kreisförmig; ihr Ende ist wieder der Anfang. Dieser Rückweg in den Anfang ist ein stufenweises Absterben der Kreatürlichkeit, denn er bedeutet das Ablegen von Gestalt und Körperlichkeit und schließlich das Zurücklaufen in die vollkommene Ruhe. In der „Consolatio" wird deshalb Sterben zum Synonym für den Rückweg in den Ursprung. Sterben bedeutet eine stufenweise Läuterung, die zu dem ersten und höchsten Prinzip zurückführt, und weil aus diesem alles Leben ausgeht, so gilt als Grundgesetz allen Seins der Satz:

---

[49] Für einen Zusammenhang zwischen der Metaphorik der „Consolatio" und dem diesem Werk zugrundeliegenden Weltbild vgl. auch Ruth Müller S. 97 ff.

Sterben, damit man lebe, leben, damit man sterbe. (GS 86)

Bezogen auf die christliche Heilsgeschichte ist dieses Geschehen nichts anderes als der vertikale oder ewige Aspekt der Menschwerdung Gottes und der Erlösungstat Christi. Was sich in der Zeit als einmaliges Heilsgeschehen manifestierte, geschieht im Aspekt der Ewigkeit immer, in jedem Augenblick der Schöpfung. Gott wird in der Seele jederzeit geboren und holt dadurch das Kreatürliche, das „Verlorne", wieder in den Anfang zurück[50]. Ähnlich wie bei Eckhart wird so das ontologische Geschehen der Seinsverleihung mit dem seit dem Mittelalter in der Mystik zentralen Gedanken von der Gottesgeburt in der Seele in Verbindung gebracht.

Solche Vorgänge bleiben aber nicht nur auf den ontologischen und heilsgeschichtlichen Bereich beschränkt. Wie in den Analogiereihen sich Hohes und Niedriges entspricht, so wiederholen sich die Gesetze von Läuterung und Sterben auf allen Stufen der Schöpfung. Das Samenkorn erstirbt in der Erde, um nachher in höherer Gestalt, als Pflanze, wieder zu erstehen (GS 45). Nach alchemistischer Lehre hat das „Erz" – gemeint ist damit das Kupfer – die Tendenz, sich zu veredeln, bis es zu Gold wird. Bei der Verbrennung geht eine Verwandlung des Niedrigeren in das Höhere, des Holzes in das Feuer, vor sich (GS 46). Der Prozeß, den die Speise durchmacht von ihrer Zubereitung bis zur Verwandlung in die Körpersäfte, die schließlich die geistigen Funktionen tragen, wird als stufenweises Sterben oder als Läuterung des Stofflichen zum Geistigen gedeutet (GS 115). Diese Beispiele finden sich, zum Teil in fast wörtlicher Übereinstimmung, schon bei Eckhart[51]. Doch während sie bei diesem ausschließlich Gleichnischarakter haben, liegt bei Czepko der Nachdruck auf der Analogie oder gar Identität von ontologischem oder heilsgeschichtlichem Geschehen und den Vorgängen in der Natur. Es geht Czepko weniger darum, mit Naturbeispielen geistige Vorgänge zu veranschaulichen, als aufgrund von Analogien die Gültigkeit des einen Gesetzes vom Leben aus dem Tod in allen Bereichen der Schöpfung nachzuweisen[52].

In der ewigen Ordnung der Dinge nimmt der Mensch eine Sonderstellung ein. Als Kreatur ist er zwar den andern Geschöpfen analog, doch nach der in allem neuplatonisch beeinflußten Denken verbreiteten Entsprechung von Mikrokosmos und Makrokosmos gilt zugleich, daß der Mensch „der Beschluß aller Dinge, der Abriß Himmels und der Erden" ist (GS 94). Der Mensch enthält aber

---

[50] Zum ewigen Heilsgeschehen vgl. vor allem den Abschnitt GS 69 f.
[51] Siehe Anhang 6.
[52] Siehe Anhang 7.

nicht nur alle Dinge in sich und ist über ihnen, er ist sogar die Ursache aller Dinge:

> In des Menschen Geburt werden alle Dinge geboren, denn er ist eine Ursach aller Dinge, die in ihm bestanden, und wann er wollte, es wären noch nicht alle Dinge. Wäre er aber nicht, so wäre auch Gott nicht. (GS 80)

In dem anfänglichen Nichts, aus dem alles Seiende hervorkommt, gibt es keine Unterscheidung zwischen Irdischem und Göttlichem. Die Dinge, der Mensch und Gott bestehen hier in einer ungeteilten Einheit. Erst in dem Augenblick, wo der Mensch aus dieser Einheit heraustritt und sich von Gott und den Dingen scheidet, erkennt er diese als solche und als verschieden von sich selbst. In diesem Augenblick trennt sich das Irdische von Gott. Diese Trennung aber existiert nur für den Menschen. Während die Kreatur immer nur aus Gott ist, hat sich der Mensch aus seinem Bezug zum Ganzen gelöst und ist dem Wahn verfallen, die Welt absolut zu nehmen. Das Ausfließen der Schöpfung aus dem anfänglichen Einen ist keine Trennung, denn indem die Bewegung in sich selbst zurückläuft, bleibt alles immer im Ganzen. Erst die Absolutsetzung einer Stufe in dem ewigen Kreislauf hat die unheilvolle Scheidung dessen, was nur als Einheit besteht, zur Folge. Es ist die Erbsünde, die so lange bestehen wird, als der Mensch Mensch ist. Die naturphilosophische Argumentation nimmt auch hier wieder heilsgeschichtliche Bedeutung an.

An dieser Stelle ist noch auf die unterschiedliche Beurteilung, die in der „Consolatio" dem Leib zukommt, hinzuweisen. Sie ist die notwendige Folge der vorhin skizzierten Gedanken. Als Gegenwurf der Seele ist der Leib „das herrliche Gebäude" (GS 109), für sich genommen aber erscheint er als „diese finstere Höhle, das irdene Gefäße, diese eingebrochene Wüstung, mit Speis und Trank und anderer Notdurft versehen" (GS 49). Der Leib, für sich allein genommen, ist ein bloßer „Zufall". Erst in der Einheit mit der Seele wird er „wesentlich". Das Begriffspaar „Zufall" und „Wesen"[53], seit der deutschen Mystik des Mittelalters die gebräuchliche Übersetzung für „accidens" und „substantia", meint unter einem anderen Aspekt dasselbe wie die Begriffe Wurf und Gegenwurf. Während diese für die Einheit der Gegensätze stehen, beziehen sich jene auf die Gegensätze im Zustand der Trennung.

Nun ist es dem Menschen aber noch in der Zeit möglich, den Zustand der Trennung rückgängig zu machen. Dann hört er auf, ein Mensch zu sein im Sinne

---

[53] GS 35, 50, 69 u. a.

eines Einzelwesens, das sich von Gott und den Dingen unterscheidet. Er ist wieder der Mensch, so wie er in der anfänglichen Einheit bestanden hat, nicht geschieden in einzelne menschliche Wesen, so daß Czepko von diesem neuen Menschen sogar sagen kann: „Aber es lebet nur ein solch Mensch auf der ganzen Welt" (GS 80). Der Weg nun, den Czepko zur Überwindung des Zustandes der Trennung aufweist, ist derjenige der Erkenntnis. Die zentralen Sätze von Czepkos Erkenntnislehre, wie sie uns in der „Consolatio" entgegentritt, lauten:

> Eines muß durch das andere erkannt werden (GS 119)
> Ich kann nichts erkennen als in seinem Gegenwurfe (GS 67)

Das heißt zunächst einmal, daß ein Ding nicht an sich, sondern nur im Unterschied zu dem, was es nicht ist, in seinem Gegenteil, erkannt werden kann. Ohne Finsternis wäre das Licht als solches nicht zu erkennen (GS 67). Wenn Czepko die Erkenntnis Gottes in der Zeit fordert, so ist das die notwendige Folge aus diesen Sätzen. Erkenntnis *ist* einzig in der Zeit, im Zustand der Trennung möglich. Nur wenn ich die Zeit kenne, weiß ich, was die Ewigkeit ist, nämlich der Gegensatz der Zeit. Nach der Zeit gibt es keine Erkenntnis mehr, denn da sind alle Gegensätze aufgehoben[54]. Das Prinzip der Erkenntnis einer Sache aus ihrem Gegenteil tritt nun aber nicht isoliert als erkenntnistheoretisches Axiom auf, sondern es beruht seinerseits auf dem Prinzip von Wurf und Gegenwurf in der Schöpfung. Es ist ein Gesetz, daß sich das unsichtbare Göttliche nie an sich, sondern immer nur mittelbar in seinem sichtbaren Gegenwurf zu erkennen gibt. Das Feuer, das selbst göttlicher Natur ist, wird erst im brennenden Holz, das sein Gegenstück ist, als Feuer erkennbar (GS 89). Da der Gegenwurf, in dem Gott sich offenbart, die Kreatur ist, wird diese wiederum zum Ausgangspunkt der Erkenntnis Gottes. Erkenntnis bedeutet deshalb immer zuerst ein Herabsteigen zum Niedrigen, indem sie bei dem beginnt, was scheinbar am weitesten von Gott entfernt ist. Da aber im ewigen Heilsgeschehen das Ausfließen aus dem Ganzen immer zugleich das Zurückgehen in den Ursprung bedeutet, verweist gerade das Niedrigste auf den Ursprung, so daß Czepko sagen kann:

> Also . . . wollen wir von dem Höchsten steigen, bis wir den niedrigsten Staffel erreichen und das Oberste und Unterste in einem verknüpft sehen, vielleicht grünen und blühen aus diesem Leibe die Früchte hervor, durch die wir vergöttert werden. (GS 83)

[54] Siehe Anhang 8.

Solange das Irdische absolut genommen wird, ist es ein Hindernis, das durchbrochen werden muß (GS 32). Das geschieht in dem Augenblick, wo es als Gegenwurf des Göttlichen erkannt wird. Erkenntnis bedeutet, den Gegenwurf als solchen zu erkennen und so das Irdische für das Göttliche transparent zu machen.

Wenn Czepko den Menschen zur Überwindung seiner unseligen Verblendung auf die Erkenntnis verweist, so zeigt er ihm von den zwei Wegen, die zu Gott führen, denjenigen der Natur, denn nach dem Satz von der Erkenntnis einer Sache aus ihrem Gegenteil kann Gott nur aus der Schöpfung erkannt werden. Czepkos Erkenntnislehre berührt sich hier mit dem alten Gedanken von den Spuren Gottes in der Natur. Die Erkenntnis Gottes aus der Natur bedeutet nun aber nicht einfach naturwissenschaftliche oder naturphilosophische Erkenntnis. Sie nimmt eine besondere Färbung an, indem „erkennen" über die Bedeutung von „einsehen", „im richtigen Licht sehen" hinausgeht. Nach dem neuplatonischen Grundsatz, daß Gleiches nur durch Gleiches erkannt wird, bedeutet Erkenntnis eine Angleichung des Erkennenden an die zu erkennende Sache. Czepko braucht für diese besondere Art des Erkennens den Begriff „empfinden". Vom Erkennenden sagt er:

> Was menschlich ist, muß er ganz ablegen und beinahe Gott und die Natur sein, will er sie erkennen, denn die Wahrheit aller Erkenntnis lieget im Empfinden. (GS 50)

Erkenntnis ist Annäherung an das zu Erkennende. Dieses ist die Natur und in der Natur schließlich Gott. Erkenntnis wird so zum mystischen Weg, der die Einswerdung mit Gott zum Ziel hat. Die Differenzierung durch das Wort „beinahe" ist dabei nicht einfach Ausdruck einer demütigen Haltung, sondern geht folgerichtig aus Czepkos Erkenntnislehre hervor, wonach eine Sache nur im Gegensatz zu dem, was sie nicht ist, erkannt werden kann. In der vollkommenen Einheit kann der Mensch Gott nicht mehr als von sich unterschieden erkennen. In der „unio" gibt es keine Gegensätze und somit keine Erkenntnis mehr. Erkenntnis geschieht genau im Augenblick vor der Einigung. Die Annäherung an Gott bis zum Punkt der Erkenntnis, das „empfindende" Erkennen, bedeutet, daß der Erkennende sich wieder in das ewige Heilsgeschehen zwischen Gott und Kreatur einfügt, aus dem er sich willkürlich gelöst hat. Er muß selbst sterben, um zu erkennen, daß der Weg alles Seienden ein immerwährendes Sterben, ein Weggehen vom Irdischen zum Göttlichen, zurück in den Ursprung, ist. „Gelassenheit", „ruhig werden", „zurückgehen" heißen die Begriffe für dieses Sterben. Sie sind mystischer Herkunft.

Der ganze breit angelegte Entwurf eines Weltbildes in der „Consolatio" hat schließlich nur den einen Zweck, die Notwendigkeit dieses Zurückgehens in allen seinen möglichen Schattierungen nachzuweisen. Czepko geht dabei den Weg der Natur – „aus unfehlbarem Beweis der Natur" (GS 35) sollen die Argumente hergeleitet werden. Aber es ist der Weg der Natur in der seit Weigel charakteristischen Vereinigung mit der Mystik. Im Weltbild der „Consolatio" tritt die Mystik an zwei Stellen und unter zwei verschiedenen Aspekten in Erscheinung. Unter dem Aspekt der Ewigkeit geschieht „unio mystica" im ontologischen Bezug zwischen Gott und Kreatur als ewige Gottesgeburt jederzeit in jedem Lebewesen. In der Zeit erscheint die Mystik als eine Möglichkeit des Menschen, die Zeit zu überwinden und am ewigen Heilsgeschehen schon in der Welt teilzuhaben. Als Weg der Erkenntnis ist dabei der mystische Weg identisch geworden mit dem Weg der Natur. Mystisches, naturwissenschaftliches und naturphilosophisches Erkennen sind für Czepko letztlich eines.

Im vierten Buch der „Consolatio" verläßt Czepko den Weg der Natur, um die Richtigkeit des Gesagten auch noch im Licht des Glaubens zu bestätigen. Im Zentrum dieser Ausführungen stehen der ewige Wille Gottes, dessen Vorsehung alles zum besten fügt, und die Vorstellung von der Schöpfung als einer unverrückbaren, in Gott ruhenden Ordnung, in der jedes Ding seine Stelle hat und in die sich der Mensch durch Gelassenheit und Aufgaben des eigenen Willens einfügt. In dieser Ordnung hat auch das Unglück seinen festen Ort. Es ist von Gott den Menschen zum Heil geschickt, indem es sie von der Welt weg zu Gott weist. Der Mensch muß das Unglück nur richtig betrachten, um zu erkennen, daß es gut ist.

b) Die Naturspekulation in der Vorrede zur „Semita Amoris Divini"

Der Untertitel der „Semita Amoris Divini", die sich im wesentlichen als ein dreiteiliger Gedichtzyklus zu den drei Tagen der „Menschwerdung", der „Kreuzigung" und der „Auferstehung" Christi darstellt, heißt „Das heilige Dreieck". Der einleitende Prosateil, die „Rede oder Durchführung des heiligen Dreiecks", ist eine Abhandlung über die Heiligkeit der Dreizahl. Von den mystischen Gedanken der „Consolatio" ist hier allerdings nichts mehr spürbar. Im Mittelpunkt der theologischen Argumentation stehen die lutherische Rechtfertigungslehre und die Forderung zur unbedingten Nachfolge Christi. Was aber die Vorrede der „Semita" dennoch mit der „Consolatio" verbindet, ist die Verschmelzung von religiösem Denken und Naturspekulation, das Nebeneinander

der beiden Wege. Den Leser „aus der Natur an die Gnade" zu verweisen ist nach wie vor das Ziel. Wenn auch die Gnade hier nicht mehr das Einswerden mit dem Ursprung, sondern der Glaube im Sinne des lutherischen Dogmas ist, so ist doch die Denkform dieselbe geblieben. Das Wunder der Dreieinigkeit wird nicht nur in der göttlichen Trinität gesucht, sondern ebenso als deren Abdruck in den Geschöpfen.

Wie schon in der „Consolatio" liegt auch hier aller Spekulation das Analogiedenken zugrunde. Alchemische Vorgänge werden mit ontologischen und diese wiederum mit dem innertrinitarischen Geschehen in Verbindung gebracht. Was das ontologische Geschehen in jedem kreatürlichen Wesen oder Ding betrifft, so wird es auch hier unter der Vorstellung des Kreises begriffen. Das Körperliche wird dauernd von innen, aus einem Mittelpunkt heraus, gewirkt. Diese Vorstellung wird aber in der „Semita", dem Grundthema der Schrift entsprechend, modifiziert, indem das Prinzip von Wurf und Gegenwurf zurücktritt zugunsten einer dreiteiligen Struktur der Dinge, die in Analogie zur Trinität gesehen wird. Czepko veranschaulicht das am Beispiel des Samenkornes (GS 288ff.). Der innerste Punkt des Samenkornes, obwohl selbst noch formlos, ohne Ausdehnung und unsichtbar, enthält potentiell schon die Gestalt der Pflanze in sich. Dieser Mittelpunkt, von dem das Leben ausgeht, wird in Analogie zu Gott-Vater gesetzt. Der Punkt nimmt nun Gestalt an, indem er sich zum Kreis ausdehnt. Dieser Kreis ist aber noch nicht die körperlich sichtbare Gestalt, sondern erst deren ungeschaffenes Urbild, der im Samenkorn vorgebildete Keim der Pflanze. Diese zweite Stufe oder erste Gestaltwerdung wird von Czepko „das gesprochene Wort . . . oder Gott der Sohn" genannt (GS 289). Im Begriff des Wortes vereinen sich dabei zwei Vorstellungen. Das „Wort" ist einerseits das Schöpfungswort, das von Gott-Vater im Schöpfungsakt gesprochen wird, andererseits schwingt im Begriff „Wort" immer auch die Vorstellung vom Logos oder Gottessohn mit[55]. Die Kraft nun, die aus dem Urbild die sichtbare kreatürliche Gestalt herausführt – im Beispiel des Samenkorns die Kraft, die aus dem Samen heraus den Keim wachsen läßt – entspricht der dritten Person der Trinität, dem Geist. Anstelle der zweiteiligen Gliederung in Wurf und Gegenwurf, in Seele und Leib, wie sie in der „Consolatio" vorherrschend ist, tritt hier eine dreiteilige Gliederung, indem zwischen Seele und Leib noch eine weitere Stufe angesetzt

---

[55] Im „Deutschen Phaleucus", dem Widmungsgedicht zu den „Monodisticha", heißt dieses Wort, welches das eine Mal in der Schöpfung, das andere Mal in Christus Gestalt angenommen hat, „das ewige Fiat" (GS 212, 214). Diese Bezeichnung geht auf Böhme zurück, wie auch die Vorstellung von einer auf der Dreizahl aufbauenden Schöpfung von Böhmes Lehre von den drei Prinzipien angeregt sein mag.

wird. Während in der „Consolatio" der Mensch eine Einheit aus Leib und Seele ist, gewinnt hier die paracelsische Vorstellung von der Dreiheit Seele – Geist – Leib an Bedeutung.

Eine Verbindung der einzelnen Stufen mit den Personen der Trinität und damit ein Ansatz zur Dreigliederung ist allerdings auch schon in der „Consolatio" gelegentlich angedeutet. Das, was in der Seele wirkt, ist dort „das Wort, in dem ohne End und Anfang alle Dinge gesprochen sind, das Wort, das ewig bei Gott ist und bleibet" (GS 43). Der Mensch erscheint als „das eingefleischte Wort" (GS 105), oder das Wirken der Seele im Körper wird mit dem Sprechen Gottes, dem Schöpfungsakt, gleichgesetzt:

> Und also, indem die Seele und Gott einig sind,
> spricht sie so kräftige Worte als Gott. (GS 108)

Eine eigentliche Dreigliederung scheint im folgenden Satz angedeutet zu sein:

> Ein jedes Ding, das lebt, bringt aus ihm hervor seine Gestalt, sein Wesen; und wird es gleich mit den Schalen der Erde umhüllet, so bereitet sich doch das Leben selbst aus dem inwendigen Grunde, in dem die Ruh sich zum Mittel gegeben. (GS 45)

Der „inwendige Grund" wäre dann der wirkende Mittelpunkt und die „Gestalt" oder das „Wesen" das noch unkörperliche Urbild, das als „Schalen der Erde" kreatürliche Gestalt annehmen würde. Mit Sicherheit aber gilt das Prinzip der Dreigliederung für die Entstehung eines konkreten gesprochenen Wortes der menschlichen Sprache, das „drei Ursachen seiner Geburt" hat (GS 99). Die akustisch hörbare Lautfolge ist nur die dritte Stufe eines Prozesses, der im „Gemüt" beginnt und dann in den „Sinnen", der Einbildungskraft, eine erste Gestaltwerdung erfährt. Die Dreigliederung tritt aber in der „Consolatio" neben dem vorherrschenden Zweierprinzip kaum in Erscheinung, und wenn auch mit „Gott" und „Wort" eine Verbindung zur Trinität angedeutet ist, so fehlt doch die dritte Person, der Geist, fast ganz. Andererseits ist auch in der „Semita" das Zweierprinzip nicht ganz aufgegeben. Die drei Grundsubstanzen, die in der „Semita" der ganzen Schöpfung zugrunde gelegt werden, sind ihrerseits zweifacher Natur. In ihnen wirken die Gegensätze Himmel und Erde, Licht und Finsternis. Sie werden naturwissenschaftlich als magnetische Kräfte gedeutet. Selbst das Prinzip „Sterben, um zu leben", das der übergreifende Gedanke der „Consolatio" ist, klingt in der „Semita" an im Zusammenhang mit dem Beispiel des Samenkorns:

Zuvor aber, ehe das neue Leben in ihm [= dem Samenkorn] erwek-
ket wird, muß es sterben, verwesen und zunichte werden. (GS 293)

Die Kontinuität bleibt im Weltbild im großen und ganzen gewahrt, wenn
auch die Schwerpunkte verschoben sind. Neu in der „Semita" ist vor allem die
vermehrte Bedeutung, die der Alchemie zukommt, was im nächsten Abschnitt
noch ausführlicher zur Sprache kommen wird. Fundamental verschieden ist
aber die Frömmigkeitsform, die mit diesem Weltbild einhergeht. Während in
der „Consolatio" das Zurückgehen ins eigene Innere als notwendige Folge der
Schöpfungsordnung erscheint, so sind hier die Frömmigkeitshaltung der unbedingten Nachfolge Christi und die lutherische Glaubenslehre nicht mehr direkt
mit dem Weltbild verbunden. Die Überleitung von der Naturspekulation zum
theologischen Teil geschieht bezeichnenderweise mit den Worten:

Aber was ängstigen wir uns, mit der Vernunft zu begreifen, was
über alle Vernunft ist? (GS 297)

Die Überlegungen der Vernunft dienen nur dazu, dem Menschen die Augen
zu öffnen für das Wunder der Schöpfung und ihn so auf den Glauben zu verweisen. Die Argumente der Vernunft und des Glaubens stehen unverbunden nebeneinander. Der Grund, aus dem heraus die Trinität und alles Seiende existiert,
das „Nicht" der „Consolatio", das der Anfang und das Ende der Schöpfung ist,
erscheint in der „Semita" bezeichnenderweise nicht mehr. Nur an einer Stelle
(GS 300) geht Czepko noch hinter die Trinität zurück, wenn er deren drei Personen als „Grundpfeiler einer unerschöpften Gottheit" oder als Ausfaltungen –
„Ausbrüche oder Abrisse nach des heiligen Dionysii Erklärung" – „allerhöchst
gedachter Gottheit" bezeichnet. Mystische Konsequenzen werden daraus aber
nicht gezogen. Gerade dieser Grund aber ist das Ziel aller mystischen Spekulation. In der „Semita" wird dieses Ziel gar nicht mehr berührt. Die Spekulation
bricht vorher ab, um zu Argumenten des Glaubens überzugehen. Die „Semita"
ist in den Folgerungen, die sie aus dem Weltbild zieht, ganz und gar unmystisch.

c) Die Geheimwissenschaften „Alchymia", „Magia", „Kabbala" in der Vorrede zur „Semita Amoris Divini" und in der „Parentatio an die Herzogin
   Louise"

Im Vergleich zur Naturspekulation der „Consolatio" gewinnt in den späteren
Schriften ein neues Element an Bedeutung. Unter dem Einfluß Franckenbergs,

vorab von dessen Werken „Raphael" und „Saephiriel", wandte sich Czepko vermehrt den Geheimwissenschaften seiner Zeit zu[56]. Es sind die mit der neuplatonisch geprägten Naturspekulation seit der Renaissance einhergehenden Gebiete Alchemie, Magie und Kabbala und die mit dieser zusammenhängende Zahlenspekulation. Nur in ihren entarteten Formen sind Magie und Alchemie zur Zauberei, zur schwarzen Magie und zu der in bloßer Geldgier wurzelnden Goldkocherei, abgesunken. Sie sind in ihrer höchsten Form Wege zur Weisheit, sie sind Naturphilosophie: die Magie, indem sie die göttlichen Kräfte, die in der Welt wirksam sind, zu erkennen sucht, die Alchemie, indem sie durch die Zerlegung der Dinge in ihre Ausgangsstoffe die der Natur zugrundeliegenden Prinzipien findet und von hier aus zur Erkenntnis der Schöpfung und ihres Schöpfers gelangt. In dieser Bedeutung erscheinen „Alchymia" und „Magia" in der handschriftlichen Fassung der „Parentatio an die Herzogin Louise"[57]. Die Kabbala schließlich ist zunächst ein Zweig der jüdischen Mystik, die auf dem Glauben beruht, daß im biblischen Gesetzestext in verschlüsselter Form Wahrheiten verborgen seien, die Moses dem Volk nicht habe mitteilen dürfen. Die Schriften der Kabbala, die vom 7. bis zum 12. Jahrhundert entstanden sind, geben Erklärungen zu den Geheimnissen des Gesetzestextes. In der Folge wird dann sehr vieles als Kabbala oder kabbalistisch bezeichnet. Gemeinsam ist allen Verwendungen des Begriffes, daß Kabbala immer einen Schlüssel zu irgendwelchen verborgenen Geheimnissen bedeutet. In der „Parentatio" heißt es:

> Die Kabbala ist nichts anderes als eine geheime Offenbarung des göttlichen Willens. (Milch S. 142)

Solche geheimen Offenbarungen stellen sich vor allem als bedeutungsvolle Zahlenverhältnisse, Buchstaben- oder Wortbezüge dar, die auf einen verborgenen Sinn hindeuten. Auch Czepko schreibt, im Zusammenhang mit der angeführten Stelle aus der „Parentatio", die Offenbarung könne mittels bedeutungsvoller Buchstaben und Zeichen, in Gesichten und Träumen geschehen, betont dann aber, daß die „rechte" Kabbala die Heilige Schrift sei. Diese muß nur richtig gelesen werden, damit sich ihre Geheimnisse erschließen. – Czepkos Interesse an der Zahlenspekulation, vor allem einer kabbalistischen Erklärung der Bi-

---

[56] Siehe Anhang 9.
[57] Obwohl die „Parentatio" eine Gelegenheitsschrift ist, kann der handschriftliche Entwurf als Ausdruck von Czepkos eigenen Gedanken aufgefaßt werden, da die gedruckte Fassung gerade die in diesem Zusammenhang relevanten Teile wegläßt, wahrscheinlich weil Czepko sie als zu persönlich und deshalb für die Öffentlichkeit als nicht geeignet erachtete. – Auszug aus dem handschriftlichen Entwurf abgedruckt bei Milch S. 137–144.

bel, ist wohl auch durch den Schweidnitzer Pastor Matthäus Hoffmann gefördert worden, an dessen Berufung Czepko selbst beteiligt war. Hoffmanns „Chronotaxis Apokalyptika" ist im wesentlichen eine Erklärung der Zahlenbezüge der Apokalypse.

In der Vorrede zur „Semita Amoris Divini" spielen Alchemie und Kabbala eine bedeutende Rolle. Wenn Czepko dort im ersten Teil, der die Wahrheit der Dreizahl „nach dem Beispiel der alten Weisen" (GS 279) darlegen soll, als Gewährsleute Hermes Trismegistos, Pythagoras und Plato anführt, so ist schon dadurch der Bezug zu den Geheimwissenschaften hergestellt. Hermes Trismegistos, der von Legenden umrankte ägyptische Weise, ist die Hauptautorität der Alchemisten, die sich alle auf hermetische Schriften berufen. Der Name Plato weist auf die neuplatonische Überlieferung hin, auf der nicht nur die Alchemie und die Magie, sondern auch schon die jüdische Kabbala fußt. In diesen Zusammenhang gehört auch die Nennung des „heiligen Dionysii" (GS 300), des Areopagiten, als eines Gewährsmannes für die Lehre von den Emanationen. Mit dem Namen Pythagoras schließlich befinden wir uns auf dem Gebiet der geheimen Weisheit der Kabbala, die schon von Reuchlin in engen Zusammenhang mit der pythagoreischen Lehre gebracht wurde[58]. Im 17. Jahrhundert war es dann allgemein üblich, Pythagoras als einen Vermittler der in verschlüsselter Form überlieferten Weisheit der Ägypter und Hebräer zu deuten, um so diesen Philosophen mit den biblischen und kabbalistischen Anschauungen in Einklang zu bringen. In dieser Tradition steht auch Czepko, wenn er in der Vorrede zur „Semita" die Weisheit der Pythagoreer auf alttestamentliche Lehren zurückführt. (GS 283)

Der zweite Teil der Vorrede, der die Dreizahl „nach der Offenbarung der einfältigen Natur" (GS 279) als das Grundgesetz der Schöpfung nachweist, ist ganz von alchemistischen Vorstellungen beherrscht. Diese sind stark paracelsisch beeinflußt. Wie bei Paracelsus ist die Welt als ein ewiger alchemischer Prozeß verstanden. Allem Leben liegen drei Ausgangsstoffe zugrunde, wobei die paracelsische Dreiheit von Sulphur, Sal, Mercurius in der „Semita" als Schwefel, Salz und Wasser bzw. Öl erscheint[59]. Aus diesen drei Grundsubstanzen werden, wiederum nach dem Vorbild des Paracelsus, die vier Elemente abgeleitet, aus denen alles Körperliche hervorgeht. Umständlich beschreibt Czepko die höchst komplizierten Vorgänge, die Verbindungen und Trennungen, die sich unter den drei Grundsubstanzen abspielen, bis daraus schließlich als ein Funke das Leben entspringt und die vier Elemente sich konstituieren. Wesentlich ist dabei, daß

[58] Vgl. Wolfgang Harms, „Homo viator in bivio", S. 111.
[59] Siehe Anhang 10.

diese drei Grundsubstanzen und ihr Zusammenwirken analog zur göttlichen Trinität gesehen werden. Auch bei Paracelsus erscheint die Trinität im Zusammenhang mit den drei Grundsubstanzen, nämlich als deren Ursprung.

Die Kabbala wird wirksam in der Deutung geometrischer Figuren und Zahlenverhältnisse als Zeichen, die, richtig gelesen, das Wesen der Schöpfung und Gottes offenbaren. Das Gesetz der Einheit in der Dreiheit spiegelt sich in der Figur des Dreiecks, indem die drei Seiten und die drei Ecken als die Ausdehnung eines einzigen Punktes aufgefaßt werden und somit alle drei eine Einheit bilden (GS 279). Für die Figur des Kreises gilt, daß die Peripherie die Ausdehnung des Mittelpunktes und dieser umgekehrt der in einen Punkt zusammengedrängte Umkreis ist. Das dritte Element ist die Verbindung von beiden, die durch den Radius, „die Verlängerung", symbolisiert wird, so daß auch die Kreisfigur in der Einheit von Mittelpunkt, Radius und Umkreis die Einheit in der Dreiheit vorstellt (GS 283). Um dieses Gesetz auch in reinen Zahlenverhältnissen nachzuweisen, wird aus der Tatsache, daß die Eins in allen andern Zahlen als Faktor mit enthalten ist, die Deutung der Eins als des Ursprungs aller Zahlen abgeleitet, so daß der Satz gilt:

> Weil das Eine das Erste ist, so folget unfehlbar . . ., daß das Andere, mit dem Einen und Ersten vereiniget, die Zwiefältigkeit, das Dritte, mit dem Andern und Ersten vereiniget, die Dreifaltigkeit hervorbringe und beschließe. (GS 282)

Schließlich weist die Gleichung $1 \times 1 = 1$ direkt auf die Dreifaltigkeit hin, indem „das Eine im Wesen einig, in Ziffern aber dreifaltig sei" (GS 282). – Im dritten und letzten Teil der Vorrede zur „Semita", wo das Gesetz der Dreieinigkeit „nach der Richtschnur des christlichen Glaubensbekenntnisses" (GS 279) dargelegt wird, kommt die kabbalistische Auslegung des Bibeltextes zum Zuge. Das Genesiswort „Lasset uns Menschen machen, ein Bild, das uns gleich sei" offenbart bei richtiger Deutung neben dem wörtlichen noch den geheimen Sinn, daß der Mensch als Bild Gottes selbst dreifaltig sei, indem nämlich das einzige Wort „Bild" sich in dem folgenden Relativsatz in die drei Wörter „uns", „gleich" und „sei" auffächert und so auf die Dreifaltigkeit hinweist (GS 299). Schließlich findet die kabbalistische Methode auch ihren Niederschlag im Aufbau der Vorrede zur „Semita". Die äußere Form wird selbst zum kabbalistischen Zeichen, das auf die Allgemeingültigkeit der Dreizahl hinweist[60]. Es ist

---

[60] Zur sprachlichen Gestaltung des trinitären Prinzips in der Vorrede zur „Semita" vgl. auch Ruth Müller S. 106.

nicht zufällig, daß die Schrift in drei Teile eingeteilt ist und daß im ersten Teil gerade drei Weise, wovon der eine zudem Trismegistos, der dreimal Größte, heißt, als Autoritäten genannt werden. Die Lehre des Pythagoras wird dabei durch drei Beispiele aus der Mathematik, der Geometrie und der Physik – „aus dem Zählen, Messen und Wiegen" – veranschaulicht. Das Zahlenbeispiel besteht seinerseits aus drei mathematischen Sätzen, wovon einer wiederum drei Folgerungen nach sich zieht (GS 282). Bis in den Satzbau hinein wird das Prinzip der Dreigliedrigkeit befolgt, vor allem indem einzelne Begriffe zu Dreierformeln gehäuft erscheinen. Ein besonders augenfälliges Beispiel für solche Dreierformeln findet sich am Anfang der Schrift, wo das Ziel des Werkes auf drei verschiedene Arten umschrieben ist. Das erste Mal wird es mit einer Häufung von Dreierformeln folgendermaßen formuliert:

> . . . daß wir dessen [d. h. des heiligen Dreiecks] göttliche *Zeichen, Merkmale und Abdrücke* zugleich im *obersten, mittleren und untersten Weltkreis,* der *Herrlichkeit, Gnaden und Natur,* davon in allen *Gestalten, Geschöpfen und Werken suchen, finden und erkennen* können. (GS 279)[61]

In der „Parentatio an die Herzogin Louise", die einige Jahre nach der nichtmystischen Vorrede zur „Semita" entstand[62], gewinnt die Mystik wieder an Bedeutung, und zwar im Zusammenhang mit den drei Wissensgebieten Alchemie, Magie und Kabbala, die dort theoretisch abgehandelt werden. Zwar nehmen auch hier der Glaube und die Ausrichtung auf Christus eine wichtige Stelle ein, doch haben sie nicht mehr die ausschließliche Gültigkeit wie in der „Semita". Sie werden vielmehr in einen weiteren Zusammenhang gestellt, indem neben das lutherische Dogma von der Alleingültigkeit des Glaubens gleichberechtigt mystische Gedanken treten. Der Ausgangspunkt und das Ziel aller mystischen Spekulation, der „Urgrund", „das ewige Nicht – die ewige Weite, der leere Raum, die unergründliche ewige Natur, die stille Ewigkeit genannt –"[63], wird hier wieder bedeutend. Die Magie erscheint dabei zunächst als das, was aus dem „Urgrund" alles Seiende herausführt. Dieser Magiebegriff ist stark von Böhme abhängig, bei dem die Magie, vereinfacht gesagt, diejenige Potenz ist, sowohl in Gott als auch im Menschen, die das, was der Wille will, in die Realität umsetzt,

---

[61] Als Dreierformeln zusammengehörige Ausdrücke von mir durch Kursivdruck hervorgehoben.
[62] „Semita" 1657, „Parentatio" 1660; vgl. Milch S. 260.
[63] Milch S. 139, 141.

wobei sie als neutrales Prinzip Böses und Gutes gleichermaßen wirkt[64]. Umgekehrt macht aber die Magie auch die Rückkehr in den Anfang, in den „Urgrund", möglich, „indem der . . . Mensch durch das Gemüte in seinen göttlichen Umstand und Ruhpunkt gebracht wird, allda seinen ewigen Gegenwurf zu betrachten"[65]. Diese Rückkehr in den „Urgrund" ist schließlich das, worum es Czepko in der „Parentatio" hauptsächlich geht. Auch die Alchemie hat daran teil, nämlich in hinweisender Funktion. Ihre Erkenntnisse werden zu einem Gleichnis der Vorgänge im geistlichen Bereich. Das Gold und seine Eigenschaften, Ziel und Zweck alchemistischer Bemühungen, repräsentiert im geistlichen Bereich die Vollkommenheit des Geistes, die in der Vereinigung der Seele mit ihrem Ursprung, dem Ziel aller mystischen Bemühungen, besteht. Vom Kabbalisten schließlich heißt es, er müsse vor allem andern ein rechter Christ sein. Der Christ ist dabei nicht nur der Gläubige, sondern im umfassenden Sinn derjenige Mensch, der aus der Einheit mit Gott existiert. Nur der gottförmig gewordene Mensch ist imstande, die geheimen Zeichen zu verstehen. Der Kabbalist ist letztlich der Mystiker.

Czepkos Denken ist geprägt von dem Nebeneinander von naturwissenschaftlich-naturphilosophischem und religiösem Denken. Die Naturspekulation hat in diesem Verhältnis aber immer dienende Funktion. Sie ist nie Selbstzweck, sondern weist immer über sich selbst hinaus auf den göttlichen Bereich. Die Mystik spielt in diesem Denken eine Rolle, doch nicht die Hauptrolle. Wie das erste Kapitel zu zeigen versuchte, steht im Mittelpunkt von Czepkos Denken immer die Suche nach dem wahren Frieden. Ob dieser Friede nun in der unio mystica oder im lutherischen Glaubensprinzip gefunden wird, spielt letztlich keine Rolle. Man kann aber nicht von einer kontinuierlichen Entwicklung von der Mystik weg zum lutherischen Dogma sprechen[66]. Im Gegensatz zu dem nicht-mystischen Prosateil der „Semita" ist die später entstandene „Parentatio" durchaus wieder offen für mystische Gedanken. Die Mystik ist als Möglichkeit immer

[64] Böhme, Von sechs mystischen Punkten, Punkt 5: „Von der Magia, was Magia sei, was der magische Grund sei" (Jacob Böhme, Sämtliche Schriften, Faksimile-Neudruck der Ausgabe von 1730, hg. von W.-E. Peuckert, Bd. 4, S. 93 ff.). Vgl. auch Peuckert, Pansophie S. 400–403.
[65] Milch S. 139.
[66] So Wentzlaff-Eggebert in „Die Wandlungen im religiösen Bewußtsein Daniel von Czepkos". Er spricht dort (S. 510) von einer Entwicklung Czepkos „vom ‚Frommen' zum ‚Mystiker' und darüber hinaus zum ‚Gläubigen'." Ähnlich bei Werner Milch, Persönlichkeit und Leistung: S. 174 ff.

vorhanden, doch niemals als die einzige. Czepko kann deshalb weder in bezug auf sein Leben noch auf sein Denken ein eigentlicher Mystiker genannt werden.

Zum Abschluß dieses Kapitels soll nun noch andeutungsweise der Bezug von Czepkos Denken zu seiner eigenen Zeit hergestellt werden. Wie Czepkos Mystik als eine mögliche Antwort auf seine Zeiterfahrung mit einem allgemein barocken Lebensgefühl in Zusammenhang steht, so entspricht auch sein Weltbild, wenigstens in seinen Grundzügen, durchaus den allgemeinen Tendenzen des Barockzeitalters. Das Denken in Analogien, beruhend auf der Vorstellung von der Schöpfung als einer fest gefügten Ordnung, in der sich zwischen den einzelnen Weltbereichen vielfältige Entsprechungen ergeben, ist ein allgemein barokkes Phänomen. Die ganze barocke Repräsentationskultur baut darauf auf. Czepkos Analogien, genährt von dem neuplatonischen Grundsatz, daß das Eine in allem ist, gehen dabei allerdings über das Übliche hinaus, indem die Analogie zum Identitätsverhältnis zwischen irdischem und göttlichem Bereich tendiert und dabei manchmal einer pantheistischen Auffassung der Welt gefährlich nahekommt. Zum allgemeinen Bild des Barock gehört auch die Spannung zwischen Unmittelbarkeit und Mittelbarkeit, die sich als Spannung zwischen Schein und Sein oder zwischen Bedeutendem und Bedeutetem durch alle Lebensbereiche hindurch zieht[67]. Sie kommt in der Erkenntnislehre der „Consolatio" zum Ausdruck. Einerseits geschieht Erkenntnis immer mittelbar, indem eine Sache nur aus ihrem Gegenteil erkannt wird. Andererseits ist Erkennen zugleich „Empfinden", d. h. man muß die Sache selbst werden, um sie zu erkennen. Schließlich kann man auch das Nebeneinander der beiden Wege des Wissens und des Glaubens als Spannung zwischen einem mittelbaren und unmittelbaren Gottesverhältnis deuten. – Zu dem allgemein barocken Hintergrund tritt im besonderen noch die humanistisch-gelehrte Tradition, die in Czepkos Streben nach einer universalen Gelehrsamkeit zum Ausdruck kommt. In der Verbindung von Glauben und Wissen manifestiert sich der Wille, theologische Wahrheiten auf eine allgemeinere Basis zu stellen, sie naturwissenschaftlich und philosophisch zu begründen. Czepkos Ideal ist ein umfassendes Lehrgebäude, wie es dann im „Deutschen Phaleucus", dem Widmungsgedicht zu den „Monodisticha", in der Form eines umfassenden Verzeichnisses des Wissens seiner Zeit erscheint. Czepko ist auch in seinen religiösen Schriften nie nur theologischer oder gar mystischer Denker, sondern immer auch der umfassend gebildete humanistische Gelehrte, der auf sein Wissen stolz ist, wie das in den am Anfang des ersten Kapitels zitierten Strophen aus der „Rede aus meinem Grabe" deutlich zum Ausdruck kam.

[67] Binder, Skriptum, S. 39.

3. Der Dichter

Als Czepko nach seinen Studienjahren in seine Heimat zurückkehrte, brachte er auch verschiedene dichterische Arbeiten und Entwürfe mit nach Hause[68] und versuchte nun, wie Briefe aus dieser Zeit belegen, in Schlesien Anschluß an literarische Kreise zu finden. Nahe befreundet war er mit dem Literaten Christoph Köler, der, ein Freund und Bewunderer Opitzens, als Professor am Elisabeth-Gymnasium in Breslau der Lehrer verschiedener Barockdichter einer jüngeren Generation, so unter anderen Schefflers, wurde. Köler war es denn auch, der Czepko an Opitz verwies. Czepko muß diesem geschrieben und ein Gedicht zugeschickt haben. Erhalten ist nur der Antwortbrief, in welchem Opitz ihn als ,,eruditissimum iuvenem amicum singularem''[69] anredet. Bezeichnend für den dichterischen Ehrgeiz des jungen Czepko ist auch eine Stelle aus einem Brief an Köler aus dieser Zeit. Er beklagt sich bei seinem Freund über den Krieg, nicht weil der Krieg den Menschen Leiden bringt, sondern weil er seiner dichterischen Laufbahn hinderlich sei: ,,Musae me adversis oculis adspectant''[70]. Schon aus diesen wenigen Andeutungen wird ersichtlich, daß Czepko dem Dichterberuf von Anfang an große Bedeutung beimaß. Die Dichtung ist, um das Bild vom Leben als einer Schnur, die aus vielen Strängen geflochten ist, wieder aufzunehmen, einer der Hauptstränge in Czepkos Leben. Wenn er in seiner Grabrede die Bilanz seines Lebens zieht, so ist es sicher kein Zufall, daß die Strophen, welche seine gelehrten Interessen – ,,Kunst und Wissenschaft'' – zum Gegenstand haben, an erster Stelle die dichterische Tätigkeit nennen. Die betreffende Strophengruppe beginnt mit den Versen:

> Ich hab auf die gebundne Art
> Mit mehr als hundert Büchern
> Zwar wollen mir vor meiner Fahrt
> Mein Andenkmal versichern. (GS 395 f.)

Erst dann folgen die Strophen über seine Kenntnisse auf dem Gebiet der mystisch beeinflußten Naturspekulation und anderen Wissensgebieten. Czepko ist einerseits Politiker, Gutsbesitzer und angesehener Bürger seiner Stadt, anderer-

---

[68] Es sind dies neben kleineren Arbeiten das Hirtengedicht ,,Adonis'' und das weit bedeutendere Fragment ,,Sylvie aus dem Elsass'', das als Vorstufe zu dem späteren großen Schäferepos ,,Coridon und Phyllis'' gelten muß.

[69] Zitiert nach Milch S. 11.

[70] Zitiert nach Milch S. 10.

seits ist er der vielseitig gebildete Gelehrte, als den er sich in dem erwähnten Gedicht schildert. Als Gelehrter aber ist er in erster Linie Dichter.

Czepko sah sich selbst als einen Dichter vom Handwerk. Äußerungen in den „Satyrischen Gedichten" über den Dichterberuf bringen deutlich das Standesbewußtsein des Dichters zum Ausdruck, wobei auch rivalisierende Auseinandersetzungen mit dichtenden Zeitgenossen nicht fehlen. Einen, „der von Natur und Art" Verse schreiben könne, nennt sich Czepko dort voller Stolz (III 50, WD 385). Seine Kunst der geistreichen Satire grenzt er eifersüchtig ab gegen eine solche, die „Anstatt des Griffels führt eine Art von groben Kohlen" (II 39, WD 375). In einem andern Gedicht (I 3, WD 362) gießt er seinen Spott über einen dilettantischen Verseschmied aus, der zu jeder Gelegenheit, sei sie auch noch so lächerlich unbedeutend, sogleich mit schulmeisterlichen lateinischen Versen zur Hand ist und der anscheinend mit Czepko rivalisierte und sich ihm gegenüber sogar des Plagiats schuldig gemacht hatte. Zu hohen Worten greift Czepko, um den Stand des Dichters gegen den des Höflings zu behaupten:

> Nun Junker, nicht zu stolz; du mußt mich nicht verachten.
> Die Verse heißen mich nach Ruhm und Ehre trachten.
> Der Höchste wird mich führn in seinen Himmel ein,
> Wenn deine goldne Kett einmal wird eisern sein.
>
> (Sat. Ged. III 9, WD 379)

Zeit seines Lebens blieb Czepko aber als Dichter unabhängig von irgendwelchen Geldgebern. Als Repräsentationsdichter allerdings, der in den frühen Jahren galante Verse für adelige Damen schrieb, später Huldigungsgedichte an Leute des Hofes und Reden zu verschiedenen Anlässen verfaßte[71], mußte er sich zwar nach der jeweiligen Situation oder dem Geschmack des Auftraggebers richten. Doch eigentliche Gönner hatte Czepko nie. Er rühmt sich dieser Unabhängigkeit in den „Satyrischen Gedichten" öfter und bringt sie gern in Verbindung mit dem Topos von der Unschuld und dem Frieden des Landlebens im Gegensatz zur Käuflichkeit und Verderbtheit der Höflinge. Doch diese Unabhängigkeit scheint manchmal eher eine unfreiwillige und ihr Lob auch eher Topos zu sein. Es gibt Gedichtstellen, die andeuten, daß Czepko eine Unterstützung durch einen Gönner nicht unwillkommen gewesen wäre. Mit satirisch-kritischem Unterton dichtet er:

---

[71] Von diesen Gelegenheitsarbeiten bringt Milchs Ausgabe nur einen sehr kleinen Ausschnitt, da sie in literarischer Hinsicht kaum mehr interessant sind. – Vgl. aber Milch S. 257 ff.: „Systematisches Verzeichnis der Werke nach Gattungen".

Es leiht mir kein August und kein Maecenas Ohren,
Kein Leser stört den Fleiß durch solche Gnad und Gunst.
                                        (Sat. Ged. III 1, WD 378)

Sogar neben Vergil getraute er sich zu stellen, wären nur seine Umstände etwas besser:

Ihr Freund', ich wollte wohl, mein Deutschland zu verehrn,
So gut als ein Virgil Arma virumque rufen.
Doch eher dürft ihr nicht auf solche Blätter hoffen,
Bis mich wird ein August und ein Maecenas hörn. (ebd.)

Das Streben nach Anerkennung kommt auch zum Ausdruck in Czepkos Bemühungen, in die Fruchtbringende Gesellschaft aufgenommen zu werden, wozu er der Gesellschaft die „Monodisticha" widmete. Warum dieses Unternehmen dann nicht zum Erfolg führte, wissen wir nicht. – Außer den Repräsentationsdichtungen gelangten nur ganz wenige von Czepkos Werken je zum Druck, bis Werner Milch sie 1930 und 1932 neu herausgab. Eine breitere Anerkennung als Dichter blieb Czepko deshalb bis in die neuere Zeit versagt. Auch das war sicher nicht sein Wille. Zumindest die einleitenden Verse zu den „Satyrischen Gedichten" zeigen deutlich, daß er die Gedichte im Hinblick auf eine Drucklegung verfaßte (WD 361). Czepko selbst macht für seinen Mißerfolg die ungünstigen Zeitumstände verantwortlich (Sat. Ged. III 1, WD 378). Es ist aber auch möglich, daß die restaurierten Höfe, die für die Förderung der Barockkunst von Bedeutung waren, Czepko, der, obwohl kaisertreu, als Wortführer der Protestanten in Schweidnitz bekannt war und zudem bei der Übergabe dieser Stadt an die Schweden eine zweideutige Rolle gespielt hatte, aus politischen Gründen zurückhaltend gegenüberstanden. Es blieb schließlich ein kleiner Kreis von Freunden, die Czepkos Werke schätzten und sie auch in einem kleinen Umkreis verbreiteten. Etwas resigniert tönen die Verse, die an die oben zitierten anschließen:

Doch ist noch mancher Freund, der meine Bücher trägt
Und mit dem Nachbar liest.

Czepkos dichterisches Vorbild war, mindestens in den frühen Jahren, Martin Opitz. An zwei Stellen im ersten Buch des „Coridon" nennt er ihn, zusammen mit einer Reihe von erlauchten Dichtergrößen wie Vergil, Tasso, Ariost und anderen (WD 23 f., 55). Opitz wird dort als der große Erneuerer der deutschen Sprache und der deutschen Dichtung gefeiert. Wenn auch der Name Opitz in den späteren Dichtungen nicht mehr erscheint, so bleibt doch ein Zug durchgehend, der für Opitz und die frühen Barockdichter in seiner Nachfolge bezeichnend ist, nämlich der programmatische Anspruch der Dichtung, „die Geschicklichkeit der deutschen Sprache mehr und mehr dar [zu]tun" (Vorrede zu den „Unbedachtsamen Einfällen", WD 354). Möglicherweise hat Opitz sogar im Hinblick auf Czepkos gesellschaftliche Ambitionen vorbildlich gewirkt. Ein bürgerlicher Schlesier wie Czepko, gelangte Opitz zu höchsten Ehren, wurde geadelt und schließlich unter dem Namen „der Gekrönte" in die Fruchtbringende Gesellschaft aufgenommen. Czepkos Annäherungsversuch an diese Gesellschaft sowie seine jahrelangen Bemühungen um die Nobilitierung sind vielleicht mitbedingt durch das Bestreben, es dem berühmten Dichter auch in gesellschaftlicher Hinsicht gleichzutun. Bei der Wahl des erfundenen Adelsnamens von Reigersfeld, den Czepko schon längst vor seiner offiziellen Nobilitierung zu führen liebte, dürfte der Name Martin Opitz von Boberfeld zumindest mitbestimmend gewesen sein.

Wenn wir heute Czepko vor allem als Verfasser geistlicher Dichtungen, insbesondere der bedeutenden „Monodisticha", schätzen, so dürfen wir nicht vergessen, daß damit nur ein Teil seiner dichterischen Bestrebungen erfaßt ist. Die geistlichen Stoffe sind zunächst nur ein Themenkreis unter vielen. Gleichzeitig mit der frühen geistlichen Lyrik und der „Consolatio" entstehen galante Liebesgedichtchen, neben der Arbeit an den „Monodisticha" schreibt Czepko die „Satyrischen Gedichte" und arbeitet das Schäferepos „Coridon und Phyllis" um. Dazu kommt noch der ganze umfangreiche Komplex der Gelegenheitsdichtung, die Czepko zeit seines Lebens pflegte. Wie sehr ihm geistliche Stoffe für seine dichterischen Zwecke verfügbar waren, kann die erste der „Drei Rollen verliebter Gedanken" veranschaulichen. Mit Vorstellungen und Wendungen, die der Mystik entstammen, wird hier die Liebesbeziehung beschrieben, und der Reiz der Dichtung besteht gerade in der Austauschbarkeit der beiden Bereiche. Der in der Mystik so zentrale Gedanke von der Gelassenheit und dem Aufgeben des eigenen Willens klingt beispielsweise im folgenden Zweizeiler an:

> Im Willen wird die Liebe zwar geboren,
> Doch läßt du ihn, hast du erst Lieb erkoren. (WD 337)

Diese Nähe zu mystischen Gedanken zusammen mit der formalen Ähnlichkeit – es sind fünfzig Zweizeiler, von denen zudem ein großer Teil schon die besondere Form des zweizeiligen Alexandrinerepigramms hat – macht diese erste „Rolle" zur eigentlichen Vorstufe der „Monodisticha". Wie nahe die beiden Werke tatsächlich zusammengehören, zeigt eine frappante, fast wörtliche Übereinstimmung eines Monodistichons mit einem Epigramm der ersten „Rolle":

> Schaue dich für, du dienst der Begier ·
> Viel sind, die beten wohl gar schöne Nymphen an
> Und ehren, sehn sie es, bloß ihren eignen Wahn.
> („Drei Rollen verliebter Ged." I 42)

> Im Herzen die größten Götter
> Viel Menschen rufen Gott in ihren Nöten an
> Und ehrn, sehn sie sich um, bloß ihren eignen Wahn.
> („Monodisticha" II 90)

Nicht zufällig ist die Adressatin dieser ersten „Rolle" Barbara Czigan, für die Czepko auch die „Consolatio" verfaßte. Es sind die im mystisch interessierten Hause Czigan geläufigen Gedanken, die Czepko hier auf ein weltliches Thema überträgt, als Huldigung an die von ihm verehrte Barbara Czigan, die selbst zu religiöser Spekulation neigte. In den beiden folgenden, an andere adelige Damen gerichteten „Rollen verliebter Gedanken" wechselt dann der Ton ins Galante und Scherzhafte. – Auch wenn Czepko sich geistlichen Themen zuwendet, tut er das in erster Linie als Dichter. Bezeichnenderweise ist seine geistliche Dichtung nie Kirchendichtung. Bei den wenigen Kirchenliedern, die unter Czepkos Namen überliefert sind, ist die Verfasserschaft nicht gesichert. Auch die geistlichen Dichtungen sind in erster Linie literarische Werke. Vielleicht am offenkundigsten drückt sich dies in der Widmung zum „Inwendigen Himmelreich" aus, wo der programmatische Anspruch der weltlichen Dichtung auf die geistliche übertragen erscheint. Es ist der Stolz über die Fähigkeit der deutschen Sprache, auch die erhabensten Inhalte dichterisch zu fassen, der aus den folgenden Sätzen spricht:

> . . . als habe ich nicht unterlassen mögen, auch andern kundzutun, was keiner glauben kann, er erfahre es denn selber: Es sind Reime, welche wir Deutschen jetzo schreiben lernen, Reime, sage ich, mehr nach dem Winkelmaß der Wahrheit als der künstlichen Dichterei zusammengesetzet. (GS 2)

Nun ist aber Czepkos Hinwendung zur geistlichen Dichtung doch tiefer begründet als nur durch das dichterische Interesse an einem anderen Stoff. Es ist wohl kaum ein Zufall, daß Czepko sich gerade mit einem geistlichen Werk, mit den „Monodisticha", in die Fruchtbringende Gesellschaft einführen wollte. Die geistliche Thematik entspricht zutiefst einer Seite seines Wesens und Denkens, und bei näherem Zusehen zeigt sich, daß auch Czepkos weltliche Dichtung mit ihr in einem gewissen Zusammenhang steht, der über das ästhetische und sprachliche Interesse hinausgeht. Auffällig ist, daß bei Czepko das Motiv des „Carpe diem", die andere Seite des barocken Gefühls der Nichtigkeit und Vergänglichkeit alles Seienden, vollständig fehlt. Ein Lied wie Opitzens „Ach Liebste, laß uns eilen" findet sich bei ihm nirgends, auch nicht in der galanten Liebeslyrik. Stets steht die Ablehnung der Welt so, wie sie ist, der Welt im Zustand der Verderbnis, im Mittelpunkt seines Dichtens und Denkens. Der Vanitas-Gedanke beherrscht auch die weltliche Dichtung, und zwar in der Form der Satire, die schon früh zu einem wichtigen Ausdrucksmittel Czepkos wurde. Nicht erst in den „Satyrischen Gedichten" macht sich das satirische Element bemerkbar, schon am Schäferepos „Coridon und Phyllis" ist es wesentlich beteiligt, was eigentlich von der Gattung her nicht zu erwarten wäre. Im zweiten Buch weitet sich dieses Epos zu einem großangelegten satirisch-kritischen Sittengemälde der Zeit und der Stände aus; „gleichsam eine offentliche Stachel- und Schimpfschrift" nennt Czepko diesen Teil (WD 73). In den sechs Büchern der „Satyrischen Gedichte" herrscht neben dem Spott über allgemein menschliche Laster dann vor allem die politische Satire vor. Der Dreißigjährige Krieg, im besonderen die Zustände in Schlesien, der Widersinn eines Glaubenskrieges überhaupt sind die Hauptangriffspunkte. Die Satire ist das weltliche Gegenstück zur geistlichen Dichtung. Ob nun der Dichter in geistlichen Schriften auf das wahre Gut verweist oder in der Satire die Laster der Mitmenschen geißelt – immer spricht er von der Position des Weisen aus, der den Wahn und die Verblendung der Welt erkannt hat und zur Umkehr bewegen will. Der eindringlichen Ermahnung zur Umkehr in der geistlichen Dichtung entspricht in der weltlichen der satirische Spott, der den Leser zur Vernunft bringen soll. Geistliche Dichtung und Satire vereinen sich so in der Person des Dichters, der zugleich ein Weiser ist. Eine solche Gleichsetzung von Dichter und Weisem ist zwar bei Czepko nie expressis verbis vollzogen, doch zumindest angedeutet ist sie im „Coridon", indem dort der Dichter sich selbst in der literarischen Verkleidung eines Hirten einführt, der seinerseits zu einer Allegorie des Weisen wird, und zudem an einer Stelle Orpheus als Dichter und Hirte in einem erscheint (WD 60). Was nun im besonderen den satirischen Dichter betrifft, so gibt es in den „Satyrischen Gedichten" eine Stelle, die diesen ausdrücklich als den Weisen zeigt. Er wird dort nämlich mit einem Diogenes unter den „alexandrisierenden", d. h. Alexandriner schreibenden, Dichtern verglichen, und die Aufgabe, die ihm vornehmlich zukommt, ist die eines Zuschauers auf der Bühne des Lebens, der, selbst außerhalb des Treibens der Welt stehend, ihr ihre Verblendung vor Augen führt (WD 385).

Wenn Czepko sich über seine literarische Tätigkeit äußert, so erscheint er uns in erster Linie als der ehrgeizig bestrebte Dichter, dessen Vorbild der berühmte Opitz ist. Indem sich dieser Dichter aber zudem in den Dienst der Wahrheit stellt und als Weiser aus seinen Versen spricht, so wird er, wie Franckenberg vom Dichter der „Monodisticha" unter Anspielung auf Opitzens Beinamen in der Fruchtbringenden Gesellschaft begeistert sagt, „durch Tugend Schein / Weit über Opitz der dreimal Bekrönte sein"[72].

Czepkos Geburtsjahr ist 1605, und seine Dichtungen fallen alle in die erste Hälfte des 17. Jahrhunderts. Man pflegt Czepko zu jener frühen Generation von Barockdichtern in der unmittelbaren Opitznachfolge zu zählen, die als die erste schlesische Schule bekannt ist. Wenn er auch als deren bedeutendster Vertreter in vielem eigene Wege geht, so steht doch der Stil seiner Dichtung noch ganz im Zeichen des Frühbarock und des Vorbildes Opitz. Der Gesamteindruck von Czepkos Dichtung ist immer der des Maßes, der Übersichtlichkeit und der Verständlichkeit. Die Häufung oder Anschwellung gewisser Stilmittel, wie sie der hohe Barockstil kennt, ist für seine Dichtung nicht charakteristisch. Ein Gedicht wie „Der Welt Kinderspiel" in der „Gegenlage der Eitelkeit" (GS 12), wo in fünfzehn von sechzehn Versen immer dasselbe Thema – Alles Treiben der Welt unterscheidet sich nicht vom Spiel der Kinder – variiert wird, und zwar mit anaphorischer Häufung in jedem Vers nach dem Muster „die Kinder tun dies, wir das", bildet eine Ausnahme. Da Czepko das Raffinement späterer Barockdichter abgeht, wirken solche Versuche gern starr, fast hilflos. Czepkos Gedichte sind verhältnismäßig kurz, nur wenige gehen, wie zum Beispiel die „Rede aus meinem Grabe", über eine mittlere Länge hinaus. Aber auch dieses Gedicht wirkt trotz seiner Länge nicht aufgeschwollen. Zwar wird durch dreiunddreißig Strophen hindurch immer das eine große Barockthema von der Vergänglichkeit und Sterblichkeit des Menschen umspielt, doch bildet dieses nur den Hintergrund, vor dem sich allmählich eine klar gegliederte, übersichtliche Schilderung von des Dichters Persönlichkeit entwickelt.

Eine untergeordnete Rolle spielt in Czepkos Dichtung die Metaphorik, und

---

[72] GS 219 = Geleitgedicht von A. v. F. (= Abraham von Franckenberg) zu den „Monodisticha", mit denen Czepko Aufnahme in der Fruchtbringenden Gesellschaft zu finden hoffte.

die wenigen von ihm gebrauchten Bilder gehen kaum je über das Traditionelle hinaus. Czepko gibt dem direkten Sagen den Vorzug vor der kunstvollen Umschreibung. Die „Zier der Worte"[73] und der Abwechslungsreichtum, von den Barockpoetiken den Dichtern zur Regel gemacht, liegt bei Czepko auf einem ganz anderen Gebiet. Es ist die geistreiche oder scharfsinnige Gedankenverbindung, die den Reiz von Czepkos Dichtung ausmacht. Sie ist durch und durch verstandesmäßige, den Intellekt und nicht die Sinne ansprechende Kunst. Antithese, Pointe, die paradoxe Formulierung, Wortspiele sind die Stilmittel, die seit den frühesten lyrischen Versuchen seine Gedichte prägen. Rational nachvollziehbare so-wie-Vergleiche anstelle von Metaphern, die Gliederung eines Gedankens in Frage und Antwort, logische Folgerungen, beispielsweise nach dem Muster weil-darum (z. B. GS 19 f.), tragen zu dem rationalen, spekulativen oder geistreichen Charakter seiner Lyrik bei[74]. Die Tendenz von Czepkos dichterischer Sprache ist eine dem bildhaften, die Sinne ansprechenden Ausdruck gegenläufige, im Extremfall auf bloße rationale Bezüge beschränkte Aussage, wofür folgender Zweizeiler aus der ersten der „Drei Rollen verliebter Gedanken" ein illustratives Beispiel ist:

> Verloren ist hier erkoren
>
> Ich such und find', und als ich es erkoren,
> Hab ich dasselb und mich in dem verloren. (WD 337)

Das Paradox von der Selbstaufgabe und der Selbstfindung in der Liebe ist auf eine mathematisch-abstrakte Formel reduziert, bestehend aus dem Ich, einem unbestimmten Es und dem Bezug zwischen beiden.

Die Gattung, die der Wesensart dieses Dichter am meisten entgegenkommt, ist das Epigramm. In der von Opitz gegebenen Definition ist es „eine kurze Satyra . . ., denn die Kürze ist seine Eigenschaft und die Spitzfindigkeit gleichsam seine Seele und Gestalt"[75]. Czepko selbst nennt in der Vorrede zu seinen „Unbedachtsamen Einfällen" als weitere Eigenschaften dieser Gattung die „unvermerkten Lehren, Aufmunterungen und Wunderreden" (WD 353). Die beiden ersten Merkmale deuten auf die lehrhafte Tendenz hin, die oft dem Epigramm

---

[73] Opitz, Buch von der deutschen Poeterei 1624, Das VI. Kapitel: „Von der Zubereitung und Zier der Worte".

[74] Als ein „Ästhetiker der gedanklichen Präzision" wird Czepko einmal von Ruth Müller bezeichnet (S. 46), die an mehreren Stellen ihrer Untersuchungen nachdrücklich auf die auffällige Metaphernarmut und das Vorherrschen rationaler Gedankenverbindungen in seinen Dichtungen hinweist.

[75] Opitz, Buch von der deutschen Poeterei 1624, Neudrucke deutscher Literaturwerke N. F. 8, Tübingen 1963, S. 21.

anhaftet. Mit den „Wunderreden" ist nach dem Sprachgebrauch der Zeit die Form des Paradoxes, eine von Czepko bevorzugte Spielart der Spitzfindigkeit, gemeint[76]. Als weitere formale Kennzeichen des Epigramms hebt Czepko die „Einschränk- und Beendigung" hervor (WD 354), womit er einerseits auf die Kürze, andererseits auf die besondere Bedeutung, die im Epigramm dem Schluß zukommt, auf die Pointe, hinweist. Die Opitzische Definition des Epigramms als „kurze Satyra" hat Czepkos späterem weltlichen Epigrammzyklus den Titel gegeben, dessen volle Form „Kurzer satyrischer Gedichte sechs Bücher" heißt. Damit ist nicht nur auf den satirischen Gehalt dieser Gedichte, sondern auch auf ihre epigrammatische Form angespielt. Die beschriebenen Eigenschaften treffen nun aber auch auf unzählige von Czepkos Gedichte zu, die nicht ausdrücklich als Epigramme gekennzeichnet sind. Nicht nur seine weltliche Lyrik, angefangen bei den frühen Liebesgedichten der „Drei Rollen verliebter Gedanken" und den witzig-galanten „Gesetzen der Liebe" bis zu dem Familientagebuch „Angefangener und vollendeter Ehestand", das in epigrammatischer Form Ereignisse aus Czepkos Familienleben festhält, sondern auch seine geistliche Lyrik ist zu einem großen Teil epigrammatische Dichtung, die in den „Monodisticha" ihren Höhepunkt erreicht. Liedhafte Stücke fehlen fast vollkommen.

Czepko nennt sich selbst einmal einen deutschen Martial (Sat. Ged. VI 1, WD 407) und deutet damit die Tradition an, in der seine Epigrammdichtung wurzelt. Schon in den „Drei Rollen verliebter Gedanken" weist Czepko in einer Randbemerkung ausdrücklich auf Martial hin (WD 342), und in der Vorrede zu den „Unbedachtsamen Einfällen" stellt er seine Epigramme in eine Traditionslinie, die er mit den Griechen und Römern beginnen läßt und über die Italiener und Franzosen zur deutschen Literatur seiner eigenen Zeit führt (WD 354). Hinter der Opitznachfolge wird die lateinische Tradition sichtbar, welche durch die Humanisten wieder neu belebt wurde und die nach Karl Otto Conrady die tragende Basis jener „mittleren Ebene des Sprechens" ist, auch „Opitz-Ebene" genannt, die den neulateinischen Dichtungsstil des 16. Jahrhunderts fortsetzt und sich von dem späteren hohen Barockstil unterscheidet. Für Czepkos Epigrammdichtung ist dabei weniger das neulateinische als direkt das antike Vorbild bedeutend. So fußen die „Satyrischen Gedichte" nachweisbar zu einem großen Teil auf Martial, während sich nur wenige auf den neulateinischen Epigrammatiker Owen zurückführen lassen[77]. Auch Czepkos religiöse Epigrammatik muß

---

[76] „Wunderrede" als Verdeutschung von „Paradox" seit dem 16. Jahrhundert; vgl. Sebastian Franck: „Paradoxa ducenta octoginta, das ist: zweihundert und achtzig Wunderred" (1534).
[77] Übersicht über die von Martial bzw. Owen abhängigen Epigramme bei Milch S. 111, nach:
– E. Urban, Owenius und die deutschen Epigrammatiker des 17. Jahrhunderts, Berlin 1900.
– R. Levy, Martial und die deutsche Epigrammatik (Diss. Heidelberg) Stuttgart 1903.

zunächst einmal im Zusammenhang mit der lateinischen Tradition gesehen werden. Bezeichnend in dieser Hinsicht ist das letzte Gedicht des ,,Inwendigen Himmelreichs'' mit der Überschrift ,,Ad Momum''. Dieser Name erscheint viel später wieder in den vom lateinischen Vorbild so stark abhängigen ,,Satyrischen Gedichten''. Hier wie dort verteidigt Czepko in der Manier Martials sein Werk gegen den ewig kritischen Leser, der als ,,Momus'', die personifizierte Tadelsucht, erscheint (GS 10, WD 370). In diesen Zusammenhang gehört auch das Monodistichon mit der Überschrift ,,Disteln dem Esel'', womit Czepko sich ebenfalls gegen den allfälligen böswilligen Kritiker, den ,,Spötter'', wendet (Monod. VI 81, vgl. S. 100). Das geistliche Epigramm hat allerdings neben der lateinischen Tradition noch ganz andere, im geistlichen Bereich selbst liegende Voraussetzungen. Sie werden vor allem für die ,,Monodisticha'' bedeutend und sollen deshalb später im Zusammenhang mit diesen besprochen werden.

Auf den epigrammatischen Charakter vieler Gedichte weisen neben den eigentlichen Formkriterien vielfach auch die Gedichtüberschriften hin. Die ursprüngliche Bedeutung des Epigramms als einer Inschrift, die sich, zum Beispiel auf einem Grabmal, an den Vorübergehenden wendet, lebt in der Anrede bestimmter Leser in den Gedichtüberschriften weiter. ,,An einen spitzfindigen Schulfuchs'', ,,An einen Welschen'', ,,An einen Poeten'', ,,An den Leser'' wenden sich die Epigramme der ,,Satyrischen Gedichte''. In seiner Rolle als Aufschrift auf einen Gegenstand, oft ein Geschenk, erscheint das Epigramm in den ,,Drei Rollen verliebter Gedanken'' in Überschriften wie ,,Auf einen Handschuh'', ,,Eine Schnur Schmelzglas'', ,,An eine Kette und Armband''. In der ,,Gegenlage der Eitelkeit'' sind die Gedichte dann ,,An das Gemüte'', ,,An den Tod'', ,,An ein Kind der Welt'', ,,An den Menschen'' usw. gerichtet. In den ,,Monodisticha'' nimmt die Formulierung der Titelseite auf die epigrammatische Form der Sprüche Bezug, wenn es dort unter Anspielung auf die Herkunft der Gattung heißt: ,,Der Fruchtbringenden Gesellschaft zur Aufmunterung . . . gräbet und schreibet in Weimarischen Palmbaum weise Lehren oder Schlußreime Daniel von Czepko'' (GS 201). Sogar noch in der ,,Semita Amoris Divini'', wo das epigrammatische Element neben dem liedhaften zurücktritt, wird die Fiktion der Inschrift und damit der Bezug zum Epigramm aufrechterhalten. So gibt sich dort beispielsweise ein längeres Gedicht, das die Gefangennahme Jesu betrachtet, als Inschrift ,,Unter deines Erlösers Namen'' (II 23), und im einleitenden Gedicht zum Mittelteil heißt es entsprechend, obwohl gerade dieser die nicht-epigrammatischen Stücke enthält:

An das Kreuze
. . .

O süßes Holz, an dem das Leber selber stirbt
Und sichern Zutritt uns zum Lebensbaum erwirbt,
Wir schneiden diese Reim in deine Rinden ein. (GS 323)

Die Form von Epigrammüberschriften haben schließlich auch die Untertitel zu den drei Teilen der „Semita", die nacheinander „Der Krippen Christi", „Dem Kreuze Christi" und „Dem Grabe Christi" gewidmet sind.

Den eigentlich epigrammatischen Überschriften, die den Anlaß eines Gedichtes angeben, geht vielfach als zweiter Titel noch ein kurzer, formelhafter Sinn- oder Wahlspruch voraus, der den Kern des folgenden Epigramms, oft in verrätselnder Form, vorwegnimmt. Epigramme mit solchen doppelten Überschriften stehen durch ihre dreiteilige Form dem Emblem sehr nahe. Beide Formen leben aus der Spannung zwischen Bedeutendem und Bedeutetem, zwischen Zeichen und Sinn des Zeichens, dort zwischen Bild und erklärender Subscriptio, hier zwischen formelhaftem Sinnspruch und dessen Ausführung im folgenden Epigramm. Wie im Emblem die bildliche Darstellung immer über sich selbst hinaus auf einen bestimmten Sinn hinweist, so wird auch im Epigramm das Dargestellte – eine Person, ein Ding, ein Vorfall – auf einen Sinn hin gedeutet, der sich im vorangehenden Sinnspruch formelhaft verdichtet. Das Epigramm, für das Logau den Begriff „Sinngedicht" prägte, wird so zum literarischen Gegenstück des Emblems oder Sinnbildes. Beim Sinngedicht wie beim Sinnbild deutet das eine auf das andere hin. Czepko, der gern in Analogien dachte, mußte diese Seite des Epigramms besonders willkommen gewesen sein. Im „Inwendigen Himmelreich" und den „Monodisticha" wird dann die eigentlich epigrammatische Überschrift fallengelassen und nur noch der Sinnspruch als Titel beibehalten. Das geistliche Epigramm hat seinen Bezug zur ursprünglichen Funktion der Gattung völlig gelöst. Es ist zum eigentlichen Sinngedicht geworden.

Das Epigramm steht Czepkos spekulativem Geist durch die Rationalität seiner Form wie in seiner Eigenschaft als Sinngedicht nahe. Dazu kommt noch die lockere Form der dichterischen Aussage. Wie Czepko auf wissenschaftlichem Gebiet als eifriger Sammler Gedanken aus den verschiedensten Quellen und Wissensgebieten zusammenträgt, so liebt er es als Dichter, in seinen Epigrammen einzelne Gedanken zu diesem und jenem Thema, durch alltägliche Begebenheiten oder Lektüre angeregt, in loser Folge festzuhalten. „Unbedachtsame Einfälle" nennt Czepko eine frühe Sammlung von Epigrammen und beschreibt sie in der Vorrede dazu als „ungesuchte Gelegenheiten und geschwinde Beschreibungen einer und der andern Sache" (WD 353). Auf diese Weise notierte sich Czepko auch merkwürdige Vorfälle in Schweidnitz, die man als Prodigien für den Untergang der Stadt deutete, und faßte sie unter dem Titel „Überschriften seltsamer Geschichte, in zwei Säulen gegraben" zusammen[78]. Die Entstehung von Epigrammen wird selbst zum Thema eines der „Satyrischen Gedichte":

> Oft, es ist mein Gebrauch, wenn meine Leute dreschen,
> Muß mit dem Schieferbuch ein Junge bei mir stehn.
> Wenn ich den Schäfer schelt' und heiß ihn von mir gehn,
> So muß den Zorn in mir ein Epigramma löschen. (WD 393)

Der lockeren Form und der angeblich zufälligen Entstehung entsprechend wollen die Epigramme auch gelesen sein. Nicht hohe Literatur sind sie, die man auf dem „Pulpet" liest, sondern Gebrauchsdichtung, zu lesen „Wenn du bei Tische sitzt und trinkst und pflegst zu lachen" (Sat. Ged. I 2, WD 361). Selbst noch auf die „Monodisticha", die nun wirklich hohe Dichtung sind, wendet Czepko den Topos vom beiläufigen Charakter des Epigramms an (GS 206, vgl. auch S. 68 f.). Das Epigramm ist ein „unbedachtsamer Einfall", ein kurzer Gedankensplitter, doch indem es be-deutet, auf etwas anderes hinweist, ist es in seiner Kürze zugleich vielsagend, so daß Czepko unter Verwendung einer Metapher sagen kann, seine „Satyrischen Gedichte" enthielten „So viele Gedichte, so viele Bücher" (II 50, WD 377). Im zweiten Teil dieser Arbeit wird dann zu zeigen sein, wie in den „Monodisticha" nicht nur diese Buchmetapher eine vertiefte Bedeutung erhält, sondern auch die Form der „Unbedachtsamen Einfälle" sich zu einem äußerst durchdachten Gebilde zusammenschließt.

Wäre Czepko kein Dichter, sondern nur der Mystiker im Sinne des vorigen Kapitels, so wäre er als Fortsetzer verschiedenster schon vor ihm gedachter Gedanken bald abgetan. Daß er aber diese Gedanken in eine dichterische Sprache bringt, die uns in ihrer ernsthaften, unprätentiösen, ja manchmal unbeholfen tastenden Art als Ausdruck eines aus tiefer religiöser Überzeugung entspringenden Suchens nach der Wahrheit unmittelbar berührt, ist das, was Czepko uns heute wert macht. Während bis jetzt der Mystiker und der Dichter Czepko gesondert zur Sprache gekommen sind, wird nun der zweite Teil dieser Arbeit das Zusammenwirken beider in der geistlichen Versdichtung, im besonderen wie es sich in Czepkos bedeutendstem Werk, den „Sexcenta Monodisticha Sapientum", darstellt, zum Gegenstand haben.

---

[78] Vgl. Milch S. 72.

ZWEITER TEIL:

„Sexcenta Monodisticha Sapientum"

1. Die Voraussetzungen

In der Geschichte der deutschen Versdichtung kommt Czepko das Verdienst zu, die Form des Epigramms, dessen bevorzugte Gegenstände nach Opitz Liebessachen, „Überschriften der Begräbnisse und Gebäue", Lobreden auf vornehme Männer und Frauen, „kurzweilige Scherzreden" sowie die Satire waren[79], auch auf geistliche Stoffe, im besonderen auf den der Dichtung bisher kaum erschlossenen Bereich der naturphilosophisch geprägten Mystik ausgedehnt zu haben. Mit den „Sexcenta Monodisticha Sapientum" hatte Czepko zudem nicht nur eine neue Form der dichterischen Aussage, das zweizeilige mystische Alexandrinerepigramm, geschaffen, sondern diese Form auch selbst in einer bedeutenden Dichtung, die dann Scheffler als Vorbild für seinen berühmten „Cherubinischen Wandersmann" dienen konnte, gültig gestaltet. Nun steht aber auch Czepko in der Entwicklung dieser Form nicht völlig isoliert da. Bis zu einem gewissen Grad konnte auch er auf frühere Ansätze zurückgreifen. Die Zusammenhänge der „Monodisticha" mit Franckenberg, Sebastian Franck und Sudermann sind bei Hugo Föllmi ausführlich dargestellt, so daß hier ein zusammenfassender Überblick genügen mag. Eingehender werden dagegen Johann Theodor von Tscheschs 1644 erschienene „Vitae cum Christo sive Epigrammatum Sacrorum Centuriae XII" zu besprechen sein, ein Werk, dessen mögliche Bedeutung für Czepko zwar erkannt, aber noch nie näher untersucht worden ist[80].

Abraham von Franckenberg (1593–1652), für die Verbreitung mystischen Denkens im 17. Jahrhundert eine zentrale Gestalt, nimmt auch auf die Entstehung des geistlichen Epigramms Einfluß. Mit seinen formelhaften Merksätzen, die in prägnanter, oft paradoxer Formulierung grundlegende Gedanken der von

---

[79] Martin Opitz, Buch von der deutschen Poeterei 1624, Neudrucke deutscher Literaturwerke, N. F. 8, Tübingen 1963, S. 21.
[80] Siehe Anhang 11.

ihm vertretenen Lehre festhalten, und mit seinen eigenen Versuchen, solche fest gefügten Formeln in Verse zu bringen, bereitet Franckenberg, ohne selbst ein bedeutender Dichter zu sein, die Sprache des geistlichen Epigramms vor. Seine gereimten Zweizeiler, darunter auch einige Alexandrinerpaare, mit denen er lateinische Distichen wiedergibt, weisen inhaltlich und formal auf Czepkos „Monodisticha" voraus. Franckenbergs Formeln lassen sich ihrerseits zurückführen auf Sebastian Franck, einen geistlichen Autor des 16. Jahrhunderts, der im Franckenberg-Kreis bekannt war und dessen „Paradoxa ducenta octoginta, das ist zweihundert und achtzig Wunderred" (1534) nicht nur für das Denken in Paradoxien, sondern auch für die Darstellung solcher Paradoxien in knappen Formeln vorbildlich wurden. Für die Verbindung mystischer Lehren mit der geistlichen Versdichtung ist dann von allem Daniel Sudermann von Bedeutung, der Anfang des 17. Jahrhunderts in geistlichen Liedern, die sich zum Teil schon dem Epigramm nähern, Themen gestaltet, wie sie nachher wieder bei Franckenberg zu finden sind. *Er* scheint neben Franckenberg besonders nachhaltig auf Czepko gewirkt zu haben. Verbindungen, vor allem thematischer Art, ließen sich wahrscheinlich nicht nur in den „Monodisticha", sondern auch in einigen Liedern der „Semita", möglicherweise auch schon des „Inwendigen Himmelreichs", nachweisen. Trotz solcher Zusammenhänge und nur weniger Jahrzehnte Abstand zwischen den beiden Dichtern scheint aber der Weg von Sudermann zu Czepko weit, wenn man die kunstlosen, archaisch anmutenden Verse Sudermanns mit der gekonnten Art vergleicht, mit der ähnliche Themen bei Czepko gestaltet werden. Die Gegenüberstellung zweier motivgleicher Gedichte Sudermanns und Czepkos mag dies veranschaulichen. Bei Sudermann heißt eine Strophe über die Erlösungstat Christi:

> Christus hat viel mehr für mich zahlt,
> dann ich verschuldt, o dies behalt.
> Sein teuren Bluts ein Tropf hat kündn
> gnug zahlen für aller Welt Sünden[81].

Dasselbe Thema erscheint bei Czepko in einem Monodistichon, das möglicherweise direkt von Sudermann angeregt ist:

> Verdienst
> Das, was ich nicht in mir noch in Gott finden kann,

---

[81] Philipp Wackernagel, Das deutsche Kirchenlied, Band 5, Leipzig 1877, Nr. 976,7 / S. 655.

Hat, und noch mehr als das, ein Tröpfchen Bluts getan.

„Monodisticha" II 14

Das Paradox vom Blutstropfen, der die Schuld der Welt aufwiegt, ist bei Sudermann vorbereitet, doch erst die geschickte antithetische Verteilung auf die zwei Alexandriner des Monodistichons läßt seine Wirkung richtig zur Geltung kommen. Es ist dabei nicht nur die Versreform durch Opitz, die diese beiden Darstellungen desselben Themas voneinander trennt, sondern, was bei aller Nähe Czepkos zu Franckenberg und seinem Kreis nicht vergessen werden darf, vor allem die Verbindung der geistlichen Thematik mit der Gattung des weltlichen, insbesondere lateinischen, Epigramms, dem Czepko als Dichter verpflichtet ist und das auch die Grundlage der „Monodisticha" bildet. Diese Verbindung charakterisiert auch schon die erwähnten Epigramme Johann Theodor von Tscheschs (1595–1649). Daß Czepko sie kannte, ist ziemlich wahrscheinlich, da zwischen den beiden Dichtern durch die Person Abraham von Franckenbergs, mit dem sie beide befreundet waren, ein direkter biographischer Zusammenhang gegeben ist.

In seinen „Vitae cum Christo sive Epigrammatum Sacrorum Centuriae XII" (1644) gibt Tschesch in zwölfhundert aus einem oder mehreren lateinischen Distichen bestehenden Epigrammen Gedanken und Reflexionen zu einem Leben in der Nachfolge Christi, im besonderen zu seinem eigenen, seit über zwanzig Jahren im Zeichen Jesu stehenden Leben, wieder. Wie Czepko später in seinen „Monodisticha" faßt Tschesch jeweils hundert Epigramme zu einer Einheit zusammen, und indem er zudem die zwölfhundert Sprüche in zwei Hälften, in einen ersten, vorwiegend autobiographisch bestimmten und einen zweiten, mehr allgemeinen Betrachtungen gewidmeten Teil, gliedert[82], scheint das Werk, zumindest seinem Aufbau nach, direkt auf Czepkos „Sexcenta Monodisticha Sapientum" vorauszuweisen. In einem der ersten Epigramme grenzt Tschesch seine Dichtung gegen die „mordaces iambos" der weltlichen Epigrammatik ab und stellt ihnen die „simplicitas candida, sancta" seiner eigenen Sprüche gegenüber (I 3), doch besteht der Reiz vieler seiner Epigramme wie auch bei Czepko gerade in der Übertragung der wesentlichen Stilmerkmale des weltlichen Epigramms auf geistliche Themen. Am unmittelbarsten erscheint Tscheschs Bindung an die weltliche Tradition vielleicht in einem Epigramm, das

---

[82] Vides hic centurias XII continentes praecipua vitae meae cum Christo interioris centra . . . Priores sex continent cursum vitae meae ad Deum ab anno 1621 . . . usque ad annum 1642 . . . Posteriores sex continent vitae illius velut praxin et usum uberiorem. (Praefatio III, S. 5).

das Horazische Gedicht „Integer vitae, scelerisque purus" ins Geistliche wendet und mit der Spannung zwischen alter Form und neuem Inhalt spielt.

Die geistreichen Formen des Epigramms finden sich vor allem in denjenigen Sprüchen Tscheschs, bei denen sich die Aussage auf ein einziges Distichon verdichtet und die den „Monodisticha" nicht nur in der äußeren Form, sondern oft auch in ihrer stilistischen Haltung nahe stehen. Wie der deutsche Alexandriner ist der Pentameter durch die starke Zäsur für antithetische Fügungen besonders geeignet. Häufig erscheint hier bei Tschesch die Antithese zwischen innen und außen, wofür er gern die Formel „Exteriora iacent, interiora placent" verwendet (z. B. IV 5), oder der Gegensatz zwischen „solum" und „polus", beispielsweise in dem Vers „Spernitur illa [= sapientia] solo, spernitur iste [= mundus] polo" (VII 81). Zu vergleichen mit „Monodisticha" VI 90 ist ein Vers wie „Intus quod damnat, quod beat intus erit" (I 19), wo zwei gegensätzliche Aussagen unmittelbar aufeinanderstoßen und so zum Paradox werden. Beispiele für weitere paradoxe Aussagen sind etwa die Fügungen „In caelo sapiens non nisi stultus erit" (XII 25) oder „Nemo sapit sapiens" (X 92), die mit der paradoxen Epigrammüberschrift „Der es nicht weiß, weiß es" (Monod. V 29) bei Czepko zu vergleichen sind. Das in den „Monodisticha" so bedeutende Paradox vom Nichts, das zugleich alles ist, erscheint bei Tschesch als „Sis nihil et tibi sic fiet Deus omnia" (VII 45). In den „Monodisticha" heißt es entsprechend: „Du mußt zuvor nichts sein, wann du willst etwas werden" (I 55). Wie Czepko spielt auch Tschesch gern mit ähnlich klingenden Wörtern, beispielsweise in den Versen

> Quid faciam? Facies tua me tibi reddit, Iesu.
>> Hoc faciam, facies quod tua, CHRISTE, facit. (I 98)

oder in einem Epigramm, das die himmlische Liebe als „amaror amor", diese dann aber ihrerseits, eben weil sie die himmlische Liebe ist, in paradoxer Fügung als „dulcis amaror amor" bezeichnet (III 80). Solche Wortspiele finden sich auch in den Überschriften zu den Epigrammen:

> Patiar ut potiar (II 75)
> Nil belli in bello (IV 89)
> Dum spiro spero (VII 1)

Sowohl Paradox wie Wortspiel tragen zu dem verrätselnden Stil bei, der nicht nur für die „Monodisticha", sondern auch für einen Teil von Tscheschs Epigrammen charakteristisch ist. „Aenigma" heißt bezeichnenderweise eine Epigrammüberschrift bei Tschesch (VII 5): Der Dichter gibt dem Leser ein geistliches Rätsel auf. Solche geistlichen Rätsel sind auch die zahlreichen Epigramme, die von einer astrologischen Konstellation ausgehen, deren Deutung sie zwar meist selbst geben, manchmal aber auch dem Leser überlassen wie in dem Epigramm:

> In quadratum Solis et Lunae
> cum sextili Iovis
> Iuppiter iratus Lunae: Sol sponsus amantem
> Solatur. Soli non nocet ira Iovis. (IX 74)

Wie aus andern Epigrammen hervorgeht, steht hier die Sonne für Christus, der Mond für die Seele und Jupiter für die drohenden Gefahren der Welt. Solche astrologischen Rätsel haben bei Czepko ihre Entsprechung etwa in Epigrammen, die in ähnlicher Weise Vergleiche aus dem Gebiet der Alchemie verwenden. Die Tendenz zum Verschlüsseln zeigt sich bei Tschesch auch in Überschriften, die in stichwortartiger Form den Inhalt des folgenden Epigramms vorwegnehmen und oft erst durch dieses verständlich werden. Eine Reihe solcher Überschriften läßt sich sogar direkt neben entsprechende der „Monodisticha" stellen:

Tschesch	„Monodisticha"
Haud alibi VI 25	Sonsten nirgend IV 51
Intus I 19	Im Inwendigen IV 83
Abnegatio I 54, VII 96	Verleugne dich I 55
Aurea libertas I 94	Freier Stand III 85
Quies IX 13	Ruh II 88
Coram vive DEO VII 2	Leb im Lichte III 31
TU NOBIS, NOS TIBI VII 42	Gott in uns
	Wir in Gott III 82
In patriam VII 59	Der Gedanken Vaterland V 66
Non homo, sed DEUS XI 22	Vom Herrn, nicht vom Menschen V 99
Non mundo, sed DEO VII 71	Nicht dich, sondern Gott I 44
Ex humili VIII 1	Bleib unten II 15
In CHRISTO VIII 100	In CHRISTO I 79

Schließlich stehen bei Tschesch auch einige wenige Epigramme, die sich als Ganzes mit entsprechenden bei Czepko vergleichen lassen. Vom Leben im Tod sprechen die beiden folgenden Epigramme[83]:

[83] Entsprechende Stellen in den beiden Epigrammen hier durch Kursivdruck hervorgehoben.

Via mortis, via vitae
O *homo*, cerne viam, *moriendo ut vivere discas.*
Per mortem parta haec, *morte* adeunda via est.

(Tschesch X 26)

Sterben   Leben
ist
Leben   Sterben
Mensch, scheide dich von dir *und lern im Leben sterben,*
So kannst du *durch den Tod* dein Heil *ohn Tod* ererben.

(Monod. II 10)

Zwar ist bei Czepko das Paradox vom Leben im Tod durch die Antithese „durch den Tod" – „ohn Tod" viel stärker zugespitzt, doch ist die Gliederung der beiden Epigramme so auffallend ähnlich, daß Czepkos Monodistichon eine direkte Nachbildung von Tscheschs Epigramm zu sein scheint. Ebenfalls sehr nahe stehen sich zwei Epigramme von Tschesch und Czepko, die beide in verrätselnder, abstrahierender Form vom Geheimnis der Trinität sprechen:

Alteritas et ternarius
Alteritas semper sibi stat contraria, si non
Tertius accedat conciliator. Amen! (Tschesch VII 27)

Zwei Vereinigte geben das Dritte
Wann zwei in Eines gehn, kommts Dritt, und so vom Einen
Ist, was es ist, doch sonst von keinem als dem Seinen.

(Monod. II 2)

Das Epigramm vom erlösenden Blutstropfen schließlich, das oben mit einer Strophe von Sudermann verglichen wurde, hat auch eine Entsprechung bei Tschesch:

Dum lavor
Dum lavor, alma lavet tua me tibi gratia, Iesu.
Unica mi satis est sanguinis unda tui. (Tschesch VIII 62)

Trotz solchen offensichtlichen Berührungspunkten zwischen den beiden Werken wird man aber zögern, Tscheschs Epigrammen allzu große Bedeutung für die „Monodisticha" beizumessen. Direkte Parallelen zwischen beiden Dichtungen sind äußerst selten, und bloße Anklänge oder thematische Nähe allein lassen noch nicht auf ein Abhängigkeitsverhältnis schließen, da sie ebensogut aus der beiden Dichtern gemeinsamen Beziehung zu Franckenberg und den in seinem Kreis geläufigen Themen und Formeln erklärt werden können. Tscheschs Epigramm mit der Überschrift „Mihi sufficit unum" (X 22) findet zum Beispiel eine Entsprechung in dem Monodistichon „Mir genügt an einem" (III 39); dieselbe Formel erscheint aber schon bei Franckenberg als Überschrift eines ähnlichen lateinischen Epigramms und dessen deutscher Übersetzung[84], so daß Czepkos Monodistichon ebensogut auf Franckenberg wie auf Tschesch zurückgeführt werden kann.

Die thematische Nähe einer Anzahl von Epigrammen verliert zudem an Bedeutung, wenn man den unterschiedlichen Zusammenhang, in dem sie stehen, betrachtet. Wie bei Czepko finden sich auch bei Tschesch Epigramme, die vom Paradox vom Leben aus dem Tod, vom Gegensatz von innen und außen, von Licht und Finsternis oder von der Ruhe sprechen, doch was Tscheschs Epigrammen fehlt, ist der mystische Bezug. Die Innerlichkeit ist bei Tschesch nicht Weg zur „unio", sondern erscheint lediglich als Gegenpol zur „vanitas mundi", die in seinen Epigrammen eine zentrale Rolle spielt, und wenn Tschesch einmal von der Gelassenheit spricht (I 53: „Linquendo. Gelassenheit"), so meint er damit nicht das Aufgeben des eigenen Willens, sondern das Verlassen der Welt und die Zentrierung der Seele auf Christus. Tscheschs Epigramme sprechen nicht wie die „Monodisticha" in spekulativer Weise über das Verhältnis von Gott und Seele, sie künden vielmehr alle von einer praktischen, persönlich erlebten Frömmigkeit in der Nachfolge Christi, was sich unmittelbar in einer großen Zahl von autobiographischen Sprüchen äußert. Tscheschs astrologische Rätsel sind zwar mit der alchemistischen Metaphorik bei Czepko zu vergleichen, doch was bei diesem durch das spekulative Interesse an der Analogie zwischen Naturvorgang und geistlichem Vorgang bedingt ist, gibt bei jenem nur Anlaß zu einer frommen Betrachtung. Der grundlegende Unterschied zwischen den beiden Dichtungen läßt sich beispielsweise in der Gegenüberstellung der beiden folgenden Epigramme zeigen, die beide die Ruhe zum Thema haben:

> Quies
> Nulla quies mundo, non carni, non rationi.
> Sola in vulneribus est, pie CHRISTE, tuis.
>
> (Tschesch IX 13)

---

[84] „Mihi sufficit unum" – „Genug an Einem": vgl. Föllmi S. 17.

Ruh

Mensch, der Bewegung Quell und Ursprung ist die Ruh,
Sie ist das Best, ihr eilt die ganze Schöpfung zu. (Monod. II 88)

Während sich bei Czepko die Erkenntnis, daß Ruhe das höchste Gut ist, als objektive Wahrheit, spekulativ aus der Ordnung der Dinge abgeleitet und dem Leser in belehrender und mahnender Weise mitgeteilt, darstellt, geht es bei Tschesch um eine persönliche, nicht näher begründbare Erfahrung, die in der Form eines kurzen Gebetes ausgesprochen ist. Im Unterschied zu den ,,Monodisticha'', die sich nie direkt an Gott wenden, handelt es sich denn auch bei den weitaus meisten von Tscheschs Epigrammen um eigentliche Gebete, um ein unmittelbares Sprechen der gläubigen Seele zu Christus, das sich in unermüdlich wiederholten Anrufen Christi – ,,pie CHRISTE, bone IESU, CHRISTE benigne, dulcis IESU'' – ausdrückt und in manchen Epigrammen sogar die Form eines kurzen Zwiegesprächs zwischen Christus und der ,,Anima'' annimmt.

Die gefühlsbetonte, christozentrische Frömmigkeit von Tscheschs Epigrammen äußert sich nicht selten in emphatischen Wortwiederholungen, einem Stilmittel, das den kühlen, spekulativ-didaktischen Sprüchen Czepkos völlig fremd ist. So heißt es bei Tschesch beispielsweise:

> Da gratus, gratus ut esse queam! (XI 67)
> Quid dicat tibi mens, quid dicat, dulcis IESU? (XII 63)
> Te precibus, te peto, CHRISTE, meis! (VI 22)

Fast ins Ekstatische gesteigert erscheinen solche Wortwiederholungen in einem Epigramm auf die Trinität, das nur noch aus einer Reihe von Ausrufen besteht (II 41), oder in einem längeren Hexametergedicht, das in die begeisterten, den Namen Christi verherrlichenden Schlußverse mündet:

> CHRISTE DEUS, fons iustitiae, super omnia CHRISTE,
> CHRISTE animae lux una meae, spes unica CHRISTE,
> CHRISTE salus miserum, regnans super omnia CHRISTE,
> CHRISTE animae lux una meae, super omnia CHRISTE! (II 74)

Einem ganz anderen Bereich als die ,,Monodisticha'' gehören bei Tschesch schließlich auch die zahlreichen Epigramme auf Heilige und christliche Feste an.

Solche grundlegenden Unterschiede lassen erkennen, daß die eigentliche Bedeutung von Tscheschs Dichtung für die ,,Monodisticha'' nicht in einem direkten Abhängigkeitsverhältnis liegen kann. Wenn überhaupt von einer Beeinflussung Czepkos durch Tscheschs Epigramme gesprochen werden darf, so ist sie am ehesten in der Tatsache zu suchen, daß hier zu einer Zeit, in die auch Czepkos Arbeit an den „Monodisticha" fällt, und in der unmittelbaren Umgebung Franckenbergs, dem damals auch Czepko nahestand, ein Werk entsteht, das wie später die „Monodisticha" religiöse Themen gestaltet, indem es diese in kurzen epigrammatischen Sprüchen in immer wieder neuen Formulierungen umkreist, die einzelnen Epigramme aber zusammenfaßt zu einer in sich geschlossenen und gegliederten Dichtung, die zugleich mehr als Dichtung ist, nämlich Weg zu Gott; „Certe ad Deum te deducent", verspricht Tschesch dem Leser seiner Epigramme (Einleitung zu den zweiten 600 Epigrammen). In diesem Sinn, vielleicht als der unmittelbare Anstoß zu den „Monodisticha", mögen Tscheschs „Vitae cum Christo sive Epigrammatum Sacrorum Centuriae XII" vorbildlich auf Czepko gewirkt und dabei auch – wie die Formeln Franckenbergs und Francks oder die Lieder Sudermanns – das eine oder andere seiner Epigramme direkt angeregt haben. Es bleibt jedoch daran zu erinnern, daß Czepko längst vor der Entstehung von Tscheschs Dichtung in der ersten der „Drei Rollen verliebter Gedanken" Epigramme schrieb, die den „Monodisticha" nicht nur formal, sondern auch in ihrer Thematik überraschend nahestehen (vgl. S. 50f.). Bei den fünfzig Zweizeilern handelt es sich aber noch durchaus um eine weltlich-galante Dichtung, die sich von der Form her Czepkos früher weltlicher Epigrammatik mühelos einordnen und mit verschiedenen anderen seiner Jugendgedichte vergleichen läßt, die ebenfalls die Form des geistreich-witzigen Zweizeilers verwenden (WD 420f.). Das entscheidende literarische Vorbild für die „Monodisticha" ist schließlich weder bei Tschesch noch bei Franckenberg oder Sudermann, sondern direkt in Czepkos eigener, vom antiken Vorbild herkommenden weltlichen Epigrammatik zu suchen, die in jener frühen galanten Liebesdichtung eine erste, wenn auch noch spielerische Verbindung mit der spekulativ-mystischen Thematik eingeht, wie sie dann für die „Monodisticha" charakteristisch wird.

2. „Deutscher Phaleucus" – Inhalt und Idee der „Monodisticha"

In Czepkos Freundeskreis wurde bald einmal bemerkt, daß mit den „Monodisticha" etwas Außerordentliches entstanden war. In einem der beiden Geleitgedichte von Abraham von Franckenberg feiert dieser das Werk in begeisterten Tönen als etwas, das alles Bisherige in den Schatten stelle:

Weg Pers, weg Araber, weg Griech, weg Römer, weg
Wahl, Iber, Brit! Ihr zielt und trefft doch nicht den Zweck,
Den ein hochdeutscher Schütz in Schlesien ohn Verhoffen,
Von Gott mit Licht und Recht erfüllet, hat getroffen. (GS 218)

Sogar Opitzens große Leistung werde durch diese Dichtung noch übertroffen (GS 219, vgl. S. 53). Czepko selbst berichtet von der wunderbaren Wirkung des Werkes auf seinen Freund Donath, der dadurch in einer Nacht zum wahren Glauben bekehrt worden sei[85]. Als Czepko ein paar Jahre später die „Monodisticha" gar der berühmten Fruchtbringenden Gesellschaft widmete, muß er selbst von der Außerordentlichkeit und dem hohen Wert seines Werkes überzeugt gewesen sein. Warum diese Widmung dann nicht zu Czepkos Aufnahme in die Gesellschaft führte und in der Folge die Kenntnis seines Hauptwerkes auf einen kleinen Kreis beschränkt blieb, ist nicht bekannt. Dadurch aber nicht weniger aufschlußreich ist das lange Widmungsgedicht zu den „Monodisticha", der „Deutsche Phaleucus", worin Czepko in reichlich verschlungenem Gedankengang sein Werk vorstellt und seine Annäherung damit an die Gesellschaft rechtfertigt. „Deutscher Phaleucus" heißt das Gedicht, weil hier Czepko das antike Versmaß des phaläkischen Hendekasyllabus oder Phaläkus auf die deutsche Sprache überträgt. Als früher Versuch, ein antikes Versmaß nicht mehr messend wie zum Beispiel noch Gesner oder Clajus in der zweiten Hälfte des 16. Jahrhunderts, sondern nun nach dem neuen, von Opitz für die deutsche Dichtung als verbindlich erklärten rein wägenden Prinzip nachzubilden, steht der „Deutsche Phaleucus" zu seiner Zeit ziemlich vereinzelt da, und es ist deshalb nicht verwunderlich, daß es Czepko dabei noch nicht restlos gelungen ist, Metrum und natürliche Satzbetonung überall zwanglos zur Deckung zu bringen.

In einem ersten Abschnitt (GS 204–206), der aus einer einzigen langen Periode besteht, überreicht Czepko dem damaligen Oberhaupt der Fruchtbringenden Gesellschaft, dem Herzog Wilhelm von Sachsen, seine „Schlußreim", indem er sie demütig in die lange Reihe von gelehrten Schriften stellt, die der Gesellschaft gewidmet sind. Unter systematischer Aufzählung aller damaligen Wissensgebiete nennt er neben dichterischen Schriften solche der Astrologie, Astronomie, Physik, der Mathematik und Philosophie, der Theologie, Rechtswissenschaft, Medizin und schließlich der kabbalistischen Geheimwissenschaften. Neben solch erhabenen Vorgängern wollen die Schlußreime nichts anderes sein als „gelehrte Eitelkeiten", die Czepko dem Herzog in Demut überreicht, um ihn damit

---

[85] Zu dieser Stelle vgl. Anhang 12.

in seinen Mußestunden – beim Jagen, beim Spaziergang im Garten oder nach Tisch – zu erfreuen. Nach diesem Erweis der Bescheidenheit und Demut holt Czepko in einem zweiten Anlauf (GS 207–209) nochmals zu einer Aufzählung aller Wissensgebiete aus, doch diesmal geht der Wissenschaftskatalog deutlich über eine bloße Huldigung an die Gesellschaft hinaus. Die einzelnen Wissensgebiete werden aufgezählt, weil die ,,Monodisticha" in all ihrer Bescheidenheit eben doch allen etwas zu bieten haben, ja ihnen sogar überlegen sind. Was dies ist, wird im nächsten großen Abschnitt (GS 211–218) in theologischer Argumentation ausgeführt.

Im Zentrum stehen hier der Fall des Menschen und seine Erlösung, die nachher auch in den Sprüchen selbst das übergreifende Thema bilden. Diese Erlösung noch in der Zeit zu bewirken, den Menschen aus dem Zustand des Gefallenseins in den Anfangszustand zurückzuführen, wo er wieder als wesentlicher Mensch besteht, das ist das hohe Versprechen der ,,Monodisticha", auf das sie im ,,Phaleucus" ihren Anspruch gründen:

> . . . Es werden draus auf Erden
> Menschen unter den Menschen Menschen werden. (GS 211)

Im folgenden verweist dann der ,,Phaleucus" auf die beiden Wege der Natur und der Schrift, deren Nebeneinander in von Böhme beeinflußter Argumentation als zweifache Offenbarung des Gotteswortes gedeutet wird, die uns das eine Mal in der Schöpfung als gestaltgewordenes Schöpfungswort oder ,,Fiat", das andere Mal in Christus, dem menschgewordenen Logos, von dem die Heilige Schrift zeugt, zuteil geworden ist. Die Schöpfung wie die Heilige Schrift sind Bücher, aus denen wir das Wort Gottes lesen können. Der Weise kennt sie beide und weiß, daß der Weg zum Heil in ihrer Vereinigung liegt. Auf diesen Weg des Weisen wollen die ,,Sexcenta Monodisticha Sapientum" ihren Leser führen.

Die unerhörte Wirkung der ,,Monodisticha", die im ,,Phaleucus" versprochen wird, die Rückführung des Menschen in einen anfänglichen Zustand der Einheit, kann nun aber nicht, wie es auf den ersten Blick den Anschein machen könnte, allein auf der Lehre beruhen, die sie vertreten; denn wie könnte sonst Czepko die Sprüche auch Geistlichen empfehlen, denen der rechte Glaube selbst bekannt ist, die sogar ,,Gott schaun . . . von Gesichte zu Gesichte" (GS 208)? Der Lehre allein könnte auch eine Prosaschrift gerecht werden, und bezeichnenderweise bringen die ,,Monodisticha" stofflich nichts Neues gegenüber den im ersten Teil im Kapitel über den Mystiker Czepko behandelten Schriften. Sie decken sich mit diesen zu einem großen Teil, so daß das dort Gesagte in vollem

Umfang auch für den Inhalt der „Monodisticha" gelten kann. Es ist vor allem die „Consolatio ad Baronissam Cziganeam", deren spekulativem mystischen und naturphilosophischen Denken ein großer Teil der „Monodisticha" nahesteht. Nicht wenige Epigramme erscheinen als eigentliche Versifizierungen von Stellen aus der „Consolatio", was vermuten läßt, daß zumindest ein Teil der „Monodisticha" schon beträchtlich früher entstand, als bisher angenommen wurde (vgl. Milch S. 121). Solche direkten Parallelen zwischen den beiden Werken sind beispielsweise:

> Gleich wie die runde Kugel der Welt durch ihre tägliche Umwerfung sich durch den gefallenen Schatten des süßen Lichts der Sonnen beraubet, so auch unser Gemüte reißet sich von seiner ewigen Sonne, indem es aus seiner Ruh sich begiebet und auf die Zufälle fällt. (GS 36)

> Gehe dir ausm Wege
> Die Erde raubt ihr selbst der Sonnen süßes Licht,
> Wann sie den Schatten macht. Die Sonne tut es nicht.
> (Monod. V 53)

> Ein weises Herz hat in dieser Welt nicht mehr als den Leib. . . . Willt du sonst wissen, wo sein Aufenthalt ist, mußt du zu Gott gehen und fragen, ob es vorbei. (GS 41)

> Nichts in der Zeit als den Leib
> Der Weise, wo er steht, weiß nichts von Ort und Zeit.
> Er lebt zwar hier und ist doch in der Ewigkeit. (III 13)

> Hinterm Ausflusse
> Willt du erfahren, wo des Weisen Seele sei,
> Geh aus und frage Gott, ob sie noch nicht vorbei. (III 81)

Nicht direkt auf die „Consolatio", sondern auf Czepkos Exzerptzettel dazu ist das folgende Monodistichon zurückzuführen:

> Nicht beiß in Stein
> Was klagst du so? In dir, und nicht in Dingen steckt,
> Was Ungeduld im Kreuz, im Tode Furcht erweckt. (IV 92)

Die entsprechende Stelle des Exzerptzettels lautet:

> Alles mußt du von Gott nehmen und nicht von Menschen, sonst bist du wie ein Hund, der in den Stein beißt oder Stecken, mit dem er geschlagen worden: Gott braucht alles zu seinen Diensten. (GS 403)

Was nun aber die „Monodisticha" von den Prosaschriften unterscheidet, ist ihr Anteil an der Dichtung. Zwar wird Czepko in Franckenbergs Geleitgedicht verheißen, „durch Tugend Schein" werde er „Weit über Opitz der dreimal Bekrönte sein", aber immerhin wird Opitz, damals der Inbegriff des Dichters, zum Vergleich herangezogen, denn die „Monodisticha" sind ja immer auch Dichtung. Ein wichtiges Anliegen des „Deutschen Phaleucus" muß deshalb das Verhältnis von Lehre und Dichtung sein. Wenn Czepko dem Herzog empfiehlt, sich die Sprüche als „gelehrte Eitelkeiten" in seinen Mußestunden zu Gemüte zu führen, und sie als „Ergötzlichkeiten" oder „fleißige Müßiggäng" bezeichnet (GS 206), nachher aber in einem langen Abschnitt, der mit der adversativen Konjunktion „aber" eingeleitet ist, ihre Nützlichkeit für die Vertreter sämtlicher Wissensgebiete hervorhebt, so wendet er auf das Verhältnis von Lehre und Dichtung zunächst einmal das altbekannte Horazische „prodesse et delectare" an. Dieses wird aber als zutiefst paradox empfunden. Die „Monodisticha" kennzeichnen sich durch Gegensätze:

> Sie sind, alle setz ich dafür zu Pfande,
> Kurz an Worten, lang aber an Verstande,
> Herb an Wurzeln, süß aber an den Keimen,
> Schwer an Lehren, leicht aber an den Reimen. (GS 206)

Auf das widersprüchliche Wesen der Schlußreime weisen auch die Oxymora „gelehrte Eitelkeiten" und „fleißige Müßiggäng" hin, und die Demut, mit der Czepko im ersten Abschnitt des „Phaleucus" sein Werk neben die erhabenen Vorgänger stellt, erweist sich in diesem Zusammenhang als mehr als eine bloße Bescheidenheitsformel, die ihm nachher erlauben soll, sein eigenes Werk um so ungehemmter in den Vordergrund zu rücken: Das Nebeneinander von demütiger Einordnung und Überlegenheitsanspruch ist selbst Ausdruck des paradoxen Wesens dieser Dichtung. Die Sprüche sind einerseits „Eitelkeiten", also unbedeutende, nichtige Gebilde, die aber andererseits Anspruch auf höchste Relevanz erheben. Doch auch das Paradox ist noch nicht das letzte Wort in bezug auf das Verhältnis von Lehre und Dichtung. Die Gegensätze sind in einer höheren

Einheit aufgehoben. Der Kern des Verhältnisses, das, was die „Monodisticha" über die andern Schriften erhebt, ist ausgesprochen, wenn Czepko zusammenfassend auf den gesamten Inhalt der „Monodisticha" Bezug nimmt und sagt:

> Das wird wohl beschaut und zugleich umschlossen,
> Das wird wohl erglaubt und zugleich genossen. (GS 209)

Die Begriffspaare „beschauen" – „umschließen", „erglauben" – „genießen" sind beides Umschreibungen für zwei verschiedene Arten des Erkennens. Mit den Verben „beschauen", „erglauben", die beide einen Abstand zwischen Subjekt und Objekt voraussetzen, ist das begriffliche Erkennen gemeint, bei dem die zu erkennende Sache dem Erkennenden als ein Anderes gegenübersteht. Die Verben „umschließen", „genießen" aber, bei denen nun dieser Abstand aufgehoben ist, beziehen sich auf jene höhere, in der „Consolatio" mit dem Begriff „Empfinden" wiedergegebene Form der Erkenntnis, die auf der völligen Angleichung des Erkennenden an die zu erkennende Sache beruht. Was die „Monodisticha" hier zu verwirklichen versprechen und worauf sie ihren Überlegenheitsanspruch gründen, ist die gleichzeitige Vermittlung dieser beiden Erkenntnisarten, von denen die zweite, da das Ziel allen Erkennens ja Gott ist, schließlich mit dem mystischen Weg zusammenfällt (vgl. S. 36f.). Das begriffliche Erkennen ist in den „Monodisticha" natürlich gewährleistet durch die Lehre, die sie verkünden. In diesem Punkt unterscheiden sie sich nicht von den Prosaschriften. Nun soll aber das Besondere der „Monodisticha" gerade darin bestehen, daß diese Lehre nicht nur begrifflich vermittelt, sondern vom Leser „zugleich umschlossen . . . und zugleich genossen", d. h. ihm in der Art des „empfindenden" Erkennens direkt gegenwärtig gemacht werden soll. In der folgenden Interpretation des Werkes wird zu zeigen sein, daß diese unmittelbare Gegenwart der Lehre, von der diese Verse sprechen, in der engen Verbindung der Lehre mit der dichterischen Form zu suchen ist: In der dichterischen Form wird das, wovon die Dichtung spricht, selbst Gegenwart. Die Dichtung hat unmittelbar religiöse Funktion.

3. „Bildliches" und „wesentliches" Sprechen

Die untergeordnete Rolle, die in den meisten von Czepkos Dichtungen der Metaphorik zukommt, ist auch ein Stilmerkmal der „Monodisticha", die sich durch eine auffallend unmetaphorische Sprache auszeichnen. Viel eher als durch Metaphern ist diese Sprache bestimmt durch eine direkt benennende, überlie-

ferte geistliche Begrifflichkeit, mit der wie mit gegebenen mathematischen Größen operiert wird. Ohne metaphorische Umschreibung sprechen die ,,Monodi-
sticha" von ,,Gott, Welt und Mensch" (III 15), von ,,Seel und Leib" (I 71 u. a.),
von ,,Sinn, Vernunft, Glauben, Liebe" (II 59), von Himmel, Hölle, Tod und
Teufel, von Sünde, Buße, Tugend, vom Willen, von Zeit, Ort und Ewigkeit.
Eine auch in der weltlichen Dichtung manchmal beobachtete Vorliebe für fast
sinnentleerte Wortbildungen, wie substantivierte Adjektive und neutrale Pro-
nomina, anstelle von bestimmten Begriffen – ,,es, das, was, etwas, das Nicht,
das Meine, das Deine, das Ganze, das Beste" usw. – zusammen mit der häufigen
Verwendung inhaltlich blasser Ausdrücke, wie ,,Ding, Sache, Ende, Anfang",
läßt die Sprache einer großen Anzahl von Monodistichen theoretisch-abstrakt
erscheinen.

Die substantivische Metapher, das eigentliche Bild, fällt in den ,,Monodisti-
cha" fast gar nicht ins Gewicht. Eine gewisse Bedeutung kommt der Metapher
im verbalen Bereich zu, doch handelt es sich hier zumeist um die in mystischer
Sprache geläufigen und deshalb in ihrer metaphorischen Bedeutung verblaßten
Verben, wie ,,empfangen, gebären, geboren werden, sterben, fließen, quellen,
brennen" oder, mit noch deutlicher metaphorischem Sinn, ,,sich in Gott klei-
den" (II 67), ,,den Leib ausziehen" (I 96). Einen breiteren Raum nimmt die Metaphorik ein, wenn es um die sprachliche Fassung der Beziehungen zwischen
göttlichem und irdischem Bereich, im besonderen zwischen Mensch und Gott in
der ,,unio", geht. Für diesen Bereich werden häufig räumliche Metaphern verwendet, die allerdings zum großen Teil auch wieder dem überlieferten mystischen Wortschatz angehören: ,,außer – inner" (I 14), ,,oben – unten" (I 62),
,,hier – dort" (IV 86), ,,weit – nahe" (III 62). Oder im verbalen Bereich: ,,auf-
steigen – herunterkommen" (III 84), ,,ausfließen – eingeblieben" (III 23), ,,sich
stürzen, sich senken, versenken, fallen" u. a. Von einer eigentlichen Bildlichkeit
kann man aber auch hier nur bei wenigen Metaphern sprechen, da die übertragenen Begriffe meist reine räumliche Bezüge meinen.

Bei einer Anzahl scheinbar metaphorischer Epigramme zeigt sich bei näherem
Zusehen, daß es sich nicht um dichterische Umschreibungen, sondern um eigentliche Analogien zwischen Bildbereich und Grundbereich handelt. Besonders deutlich lassen sich solche Analogieverhältnisse bei so-wie-Vergleichen
nachvollziehen, beispielsweise im folgenden Epigramm:

> Merke drauf
> Wie in der Kolben Erzt und Kraut das Feuer kocht,
> So wirkt im Menschen Gott, wann sich die Seele sucht. (IV 24)

Daß auch sonst geistliche Vorgänge gern mit alchemischen analogisiert werden, wobei die Läuterung eines Stoffes durch das Feuer eine besondere Rolle spielt, zeigte sich schon bei der Besprechung der „Consolatio" (vgl. S. 33). Die diesem Epigramm entsprechende Stelle lautet dort:

> *Das Erzt, das Kupfer,* hat es in seiner Natur, daß es Silber werde, ja es hat es in seiner Natur, daß es Gold werde, darum ruht es nicht, bis es in seine Natur komme. *Das Holz* hat es in seiner Natur, daß es alle Dinge werde, darum legt es sich in das Feuer, um daß es werde verwandelt in ein Feuer und alle Dinge sei. *Der Mensch* hat es in seiner Natur, daß er mit Gott vereiniget sei . . . (GS 46)[86]

Da für Czepko die Analogie über eine bloße Entsprechung hinausgeht und im Grunde ein Identitätsverhältnis meint, so kann schließlich die Verbindung der beiden Bereiche durch die Konjunktionen so-wie wegfallen und das eine für das andere gesetzt werden. Sprachlich heißt das: Der Vergleich wird zur Metapher, wobei aber diese nicht nur im übertragenen Sinn zu verstehen ist, sondern zugleich sich selbst meint, so daß nun der Grundbereich ganz weggelassen werden kann:

> Bis zum Vollständigen
> Erzt ist so von Natur, daß es Gold werden kann,
> Es ruht nicht, bis als Gold es die Natur nimmt an. (III 32)

> Wo Einigung, da Ruhe
> Die Glut umarmt ein Holz und schleußt es brünstig ein.
> Hier siehst du keine Ruh, bis sie beid eines sein. (I 91)

Das Streben des Erzes, d. h. des Kupfers, zum Gold, des Holzes zum Feuer ist im Wesen dasselbe wie das Streben der Seele zu Gott, so daß das eine das andere in nicht bildlich gemeinter Weise vertreten kann. Auf Grund der Analogie von Feuer und Gott dichtet Czepko das Monodistichon:

> Drei in einem
> Ein in dreien
> Das Feuer ruht, die Glut bewegt, die Flamme brennt.
> Wohl dem, der alle drei im Wesen eines kennt. (III 34)

---

[86] Analoge Bereiche hier der Übersichtlichkeit wegen durch Kursivdruck hervorgehoben.

Das ist mehr als ein im übrigen sehr schönes Gleichnis für die Dreieinigkeit Gottes. Das Bild meint auch sich selbst, um so mehr als ja die Einheit in der Dreiheit, wie die Vorrede zur „Semita" ausführt, nicht auf die göttliche Trinität beschränkt ist, sondern als Grundgesetz der Schöpfung überhaupt gilt. Solche wörtlich zu verstehende Bilder sind wohl auch die mathematisch-geometrischen Metaphern und die Zahlenbeispiele[87]: Der Satz von der Einheit in der Dreiheit nimmt nicht nur im Feuer Gestalt an, sondern ebensogut im Dreieck, das sogar in figürlicher Darstellung in der Überschrift zu einem Monodistichon erscheint (I 37). In sich selbst bedeutend oder mindestens durch wirkliche Analogien gestützt sind auch die verschiedenen Sonnengleichnisse für Gott oder die Seele[88].

Die unbildliche, theoretisch-abstrakte Sprache eines großen Teils der „Monodisticha" hindert Czepko auf der anderen Seite nicht, manchmal eine sehr drastische Sprache zu sprechen, besonders wenn es darum geht, den Menschen aus seiner Verblendung aufzurütteln:

> Kehre die Augen um
> Nicht gaff auf Rom. In dir, Mensch, denke, wer du bist,
> Wohnt, folgst du Christo nicht, der rechte Widerchrist. (VI 42)

Etwas häufiger als in den theoretischen Sprüchen werden denn auch in diesem Bereich Metaphern verwendet. Metaphorisch sind zum Teil auch die Einleitungsgedichte zu den einzelnen Büchern, die außerhalb des eigentlichen Zyklus stehenden „Klingeln". In den Epigrammen selbst finden sich einige weitere metaphorische Umschreibungen als Überschriften zu den einzelnen Sprüchen, wobei aber der bildliche Ausdruck jeweils im dazugehörigen Epigramm wieder aufgelöst wird. Schließlich ist hier noch die biblisch begründete Bildlichkeit zu nennen: die Tür-Metaphorik (I 36, 43; III 27; VI 79; 1. u. 6. Klingel / Matth. 7, 13; Joh. 10,7), die Licht-Finsternis-Metaphorik (z. B. III 54 / Joh. 1,5), die Bezeichnung der Liebe als „Salz" (III 74 / Matth. 5,13) oder die Gleichsetzung des eigenen Willens mit der Schlange und dem Biß in den Apfel (I 22; II 50, 71; V 82 / 1. Mos. 3,1 ff.).

Die verhältnismäßig unbildliche Sprache ist auch ein Merkmal von Czepkos weltlicher Dichtung, doch was dort nur eine stilitstische Eigenheit ist, wird hier,

---

[87] Dreieck: I 37, VI 21.
Kreis: I 19 („Umfang" – „Mittel"), III 91 („Zirkel").
Punkt („Stipp"): IV 66, 73, VI 6.
Zahlenbeispiele: III 2, VI 25, 36.
[88] III 38, 42, 53; V 75, 53; VI 56. Vgl. auch S. 32.

im Zusammenhang mit seiner Auffassung vom richtigen Denken und Sprechen von Gott und göttlichen Dingen, selbst sinntragend. In den „Monodisticha" selbst und außerhalb finden sich häufig Äußerungen, die, in Anlehnung an das zweite Gebot, von der Unstatthaftigkeit sprechen, sich von Gott ein „Bild" zu machen, womit allgemein jegliche begriffliche Vorstellung von Gott, ein Verstandesbild oder eine Denkvorstellung, gemeint ist. Synonym für „Bild" gebraucht werden die Ausdrücke „Wahn", „Vorstellung", „Einbildung", hier im wörtlichen Sinn von „Hineinbilden" zu verstehen. In der „Consolatio" heißt es im Zusammenhang mit Beispielen von Leuten, die sich der „Verleumdung und Verleugnung göttlicher Majestät" schuldig machen[89]:

> Unter solche werden billig gezählet, die ihren Gott nach ihrem übel geschöpften *Wahn einbilden,* denn nichts ist Gott gleich, und wer *ihm was Gleiches* erdenkt, der hat, was er denkt, und lässet Gott, der in ihm [= refl.] ist. (GS 129)

Im Besonderen auf das *Sprechen* von Gott bezogen ist diese Auffassung in der folgenden, ebenfalls der „Consolatio" entnommenen Stelle:

> Er ist unbekannt, der alles weiß. Viel sind gerecht gegen den Menschen, niemand gegen Gott. Ein jeder redet von ihm nach seinem *Wahn* und *stellet ihm* [= refl.] einen Gott *für,* wie er ist. (GS 134)

In bezug auf seine eigenen Ausführungen über die vollkommene Seligkeit spricht dann Czepko schließlich von der Unzulänglichkeit jeglichen begrifflichen Sprechens im göttlichen Bereich überhaupt. Nicht zufällig bezeichnet er dieses Sprechen vergleichsweise als „ein gemaltes Bild":

> . . . dies ist es, von dem ich schreibe, ja ein weit Höhers und Seligers . . . , gegen dem alles, was ich geredet, nichts ist als eine Finsternis ohne Licht, ein Körper ohne Leben, *ein gemaltes Bild,* ein vergänglicher Traum und in Wahrheit eine Lüge. (GS 126)

Für ähnliche Äußerungen in den „Monodisticha" selbst mag die Epigrammgruppe II 89–91, die eine thematische Einheit bildet, als Beispiel stehen:

---

[89] In den folgenden Zitaten sind jeweils die zum Bedeutungsbereich „Bild", „Gleichnis" gehörenden Ausdrücke durch Kursivdruck hervorgehoben.

Nicht forsche, sondern bete
Was er nicht ist, das darf man kaum von Höchsten sagen.
Wie willt du, lieber Mensch, dann, was er ist, erfragen? (II 89)

Im Herzen die größten Götter
Viel Menschen rufen Gott in ihren Nöten an
Und ehrn, sehn sie sich um, bloß ihren eignen *Wahn.* (II 90)

Nach dem Wesen, nicht der Meinung
O Seele, schlag das *Bild* in deinem Grund entzwei.
Wie heilig du auch bist, du treibst Abgötterei. (II 91)

Was in allen diesen Äußerungen als Abwandlung des zweiten Gebotes – Du sollst dir kein Gottesbild machen – formuliert wird, ist das allem mystischen Sprechen innewohnende Sprachproblem: Es soll von etwas begrifflich gesprochen werden, was über allen Begriffen ist. Das Sprachproblem ist aber zugleich auch ein Erkenntnisproblem. Der Gegenbegriff zu „Bild", in der Überschrift zu dem letzten der drei zitierten Monodistichen genannt, ist „Wesen". Beide Begriffe zusammen meinen die beiden entgegengesetzten Erkenntnisarten, von denen auch jene zentralen Verse des „Deutschen Phaleucus" sprechen. „Bildliches" Erkennen bedeutet das begriffliche, verstandesmäßige Erkennen, während das Erkennen „nach dem Wesen" das „empfindende" Erkennen ist, bei dem Erkennendes und Erkanntes einander gleich sind. Auf diese letztere Art des Erkennens bezieht sich das Monodistichon:

Im Wesen, nicht im Bilde
Mensch, du mußt dieses sein, was du begehrst zu wissen,
Sonst kann die Weisheit dich nicht in ihr Herze schließen. (IV 20)

Eine Sprache ohne „Bilder" wäre also eine „wesentliche" Sprache, die die Sache nicht begrifflich, sondern „wesentlich" vermittelt, indem sie diese Sache selbst wird. Eine solche „wesentliche" Sprache strebt Czepko an. Das Vermeiden von sprachlichen Bildern und das charakteristische Umgehen von positiv setzenden Begriffen durch fast inhaltslose Ausdrücke, die metaphernarme und oft abstrakt wirkende Sprache der „Monodisticha", ist eine Art, wie sich dieses Bestreben äußern kann. Besonders reizvoll ist in diesem Zusammenhang ein Monodistichon, das die Unzulänglichkeit von Vergleichen für Gott nicht nur zum Thema hat, sondern sie gleich selbst exemplifiziert:

Das selbständige Gut
Was ist Gott? Gut als Stein. Was Stein? Gut als Gemüte.
Was bleibet, nimmst du hin Gemüt und Stein? Die Güte. (V 43)

Nachdem sich die Vergleiche für Gott als unzureichend erwiesen haben, bleibt ein Abstraktum, „die Güte“, übrig. Das Verhältnis zwischen Güte und Gutem – und analog dazu zwischen Gerechtigkeit und Gerechtem, Weisheit und Weisem – ist ein Grundthema Eckharts. Der Gute hat in diesem Verhältnis „als verre sô er guot ist“ zwar unmittelbar an der Güte teil, doch eigentliches Sein kommt nur dieser als der sogenannten „perfectio generalis“ zu[90]. Deshalb spricht Czepko in anderen Sprüchen Gott auch das Gut-sein als noch zu positive Aussage ab (IV 88, V 75).

Wenn man diesen Zusammenang der metaphernarmen Sprache mit Czepkos Denken einmal erkannt hat, wird man vorsichtig sein, einen Ausdruck ungeprüft als metaphorisch zu bezeichnen, und mindestens die Möglichkeit, daß er „eigentlich“ gemeint sein könnte, in Betracht ziehen. Sonst kommt man zu Fehlschlüssen, und man kritisiert beispielsweise bei folgendem Epigramm mit Hugo Föllmi (S. 104) die „eigenartige Anschaulichkeit“ aufgrund der vermeintlichen Verbindung einer konkreten Metapher mit einem Abstraktum:

Danke Gott
Wie mild und fromm ist Gott: du issest seine Güte.
Verschwelge sie ja nicht, daß er dich fort behüte. (VI 78)

Nicht nur Czepkos theoretische Schriften zeigen, daß er die Gegenwart des Göttlichen in der Speise (vgl. S. 33) wie im einzelnen Samenkorn (vgl. S. 38) sehr konkret auffaßt, sondern die beiden vorhergehenden Epigramme selbst machen klar, daß das Essen von Gottes „Güte“ hier im wörtlichen Sinn gemeint ist, indem nämlich dort der Kern jeder Speise, auch der geringsten, mit dem Gotteswort, dem „Fiat“, das Czepko als „es sei“ verdeutscht, gleichgesetzt wird:

Wort   Brot
im
Brot   Wort
Dich nährt die Kraft, die aus dem Körnlein also frei
Schoßt, blühet, körnert, reift. Was ist's? Das Wort „es sei“. (VI 76)

---

[90] Vgl. Anfang von Eckharts „Buch der göttlichen Tröstung“. Dazu Josef Quint, Meister Eckehart. Deutsche Predigten und Traktate, hg. und übersetzt von J. Quint (3. Aufl. 1969), Anmerkungen S. 465.

Unterm Geringen das Große
Das Innre von der Speis erhält dich. Das ist schlecht.
Schlecht: es ist voller Gott, darum gebrauch es recht. (VI 77)

Fragt man nach den geschichtlichen Voraussetzungen eines solchen „eigentlichen", bewußt metaphernarmen Sprechens, so muß außer dem uralten mystischen Sprachproblem, auf das Czepkos unbildliche Sprache eine Antwort darstellt, der Protestantismus und hier vor allem Luthers Abendmahlslehre genannt
werden. Nach der Lutherschen Lehre haben Brot und Wein nicht nur symbol-
hafte Bedeutung, sondern Leib und Blut Christi sind in ihnen tatsächlich gegenwärtig. Ebenso versteht Luther die Übertragung unserer Sünden auf Christus
nicht bildlich, sondern im wörtlichen Sinn. Von diesem Denken geht Luthers
Kritik an der tropischen Sprechweise überhaupt und seine Skepsis gegenüber der
prachtvollen Rhetorik im kirchlichen Bereich aus[91]. Eine orthodoxe Haltung in
dieser Beziehung nimmt selbst noch Opitz ein, wenn er für die geistliche Dichtung den rednerischen Schmuck ablehnt. In der Zueignung zu den „Episteln der
Sonntage und fürnehmsten Feste des ganzen Jahrs" kommt diese Haltung deutlich zum Ausdruck:

> Hier habt ihr, was ihr mir, o Hoffnung unsrer Zeit,
> Zu tun befohlen habt. Der Worte Zierlichkeit,
> Der Zungen schöner Klang gehört zu anderm Wesen,
> Das schnöd und irdisch ist. Allhier wird nichts gelesen
> Als unsers Heiles Lieb, als eine solche Gunst,
> Die von dem Himmel kömmt und hasset Menschen Brunst.
> So leset, wenn ihr legt die großen Sorgen nieder
> Für unser Vaterland, o Held, die neuen Lieder,
> Die ich zu Gottes Ehr und eurer Lust gemacht
> Ohn allen Erdenschein, ohn alle Rednerpracht[92].

4. Stilfiguren mit religiöser Bedeutung

Wie in den „Monodisticha" die relative Bildlosigkeit der dichterischen Sprache Czepkos selbst sinntragend wird, so nehmen hier, im geistlichen Zusam-

---

[91] Der Abschnitt über Luther sowie der folgende Hinweis auf Opitz stützen sich auf M. Windfuhr,
„Die barocke Bildlichkeit", S. 23, S. 363–375.
[92] Opitz, Geistliche Poemata 1638 (Deutsche Neudrucke, Reihe Barock, Bd. 1. S. 122).

menhang, auch gewisse Stilfiguren religiöse Bedeutung an. Es ist dabei wohl nicht zufällig, daß sich eine solche Sinngebung vor allem bei Stilfiguren im Bereich der geistreichen und spitzfindigen Gedankenverbindung, die ja in Czepkos Werken auch sonst eine bedeutende Rolle spielt, feststellen läßt. Es werden deshalb in diesem Kapitel, dessen Absicht es ist, die religiöse Relevanz bestimmter wiederkehrender sprachlicher Formen nachzuweisen, vor allem Stilfiguren aus diesem Bereich zur Sprache kommen.

Die „Wunderred" oder das Paradox, von Czepko selbst als ein wesentliches Element des Epigrammstils genannt (vgl. S. 54f.) und zudem ein Phänomen mystischen Sprechens überhaupt, spielt erwartungsgemäß auch in den „Monodisticha" eine bedeutende Rolle. Czepkos selbst weist in der zweiten Klingel auf die „Wundersprüch" hin. Allein die Überschriften zu den einzelnen Monodistichen liefern eine stattliche Anzahl von Beispielen für die paradoxe Formulierung, so u. a.

> Je mehr zurücke, je mehr vor sich (I 38)
> Je niedriger, je höher (II 43)
> Gott ohne Gott (I 98)
> Glück dein Unglück (III 62)
> Drunter, so kommst du drüber (IV 38)
> Schweig, willt du reden (IV 64)
> Der es nicht weiß, weiß es (V 29)

Oder als Oxymora:

> Gefangene Freiheit (III 22)
> Eingebliebener Ausfluß (III 23)
> Mannigfaltige Einigkeit (III 94)

Eine besondere Form des Paradoxes bilden jene Formulierungen, die die Doppelbedeutung eines Wortes ausnutzen, so in der Überschrift „Gott leiden tilgt Leiden" (II 63), wo die Bedeutung von „leiden" als „erdulden", „gewähren lassen" gegen „das Leiden" im Sinne von „Not leiden" ausgespielt wird, oder in den verschiedenen paradoxen Fügungen, die auf der Doppelbedeutung des Wortes „Tod" beruhen, das einerseits den körperlichen Tod, andererseits das geistliche Sterben meint:

> Wer vor dem Tode stirbt, darf nicht im Tode Sterben (I 77)
> [„dürfen" hier im Sinne von „brauchen", „müssen"]

So kannst du durch den Tod dein Heil ohn Tod ererben (II 10)

Die Form des Paradoxes ist zunächst einmal durch die allgemeine Sprachnot des Mystikers bedingt. Unsagbares findet seinen Ausdruck in der widersprüchlichen Aussage, indem das Gesagte sogleich durch sein Gegenteil wieder aufgehoben wird. Für Czepko wohl noch bedeutender als das Sprachproblem ist in bezug auf das Paradox aber das Wunder von der Einheit der Gegensätze, wovon in der „Consolatio" die Lehre von Wurf und Gegenwurf, dem Prinzip, nach dem sich alles Seiende entfaltet, spricht. In der weltlichen Dichtung ein Stilmittel, das durch die ungewohnte Gedankenverbindung überraschen will, die „Wunderred", die im Leser Ver-wundern erregen soll, wird das Paradox im geistlichen Zusammenhang zum eigentlichen Sprechen vom Wunder. Dieser Sinn der paradoxen Fügung scheint mir besonders schön in folgender Stelle aus der „Parentatio" zum Ausdruck zu kommen:

> Die Magia hat den Sinn in Verstand, den Verstand in die Vernunft . . . und dieses alles in den so engen Ruhepunkt des Menschen gebracht, daß dieser Ruhepunkt sich mitten aus der seligen Betrachtung verlieren, in sich ziehen und in das ewige Nicht . . . verstecken, aber auch hingegen, o *Wunder,* so weit ausbreiten und in einem Augenblick ergrößern und in sich die große Welt mit ihren Geschöpfen. . . beschauen, erkennen und umschließen kann. (Milch S. 141)

Das „o Wunder" bezeichnet genau den Punkt, wo der erste Teil der Aussage in ihr Gegenteil umschlägt, aber zugleich ist es auch die Nahtstelle, an der die Gegensätze sich berühren. Von dieser Nahtstelle sprechen die „Wundersprüch" der „Monodisticha":

> Gefangene Freiheit
> Mit ihm, dem Körper, hat die Seele nichts gemein
> Und muß, o Wunder, doch in ihm verschlossen sein. (III 22)[93]

Die gegensätzliche, paradoxe Aussage wird gern im antithetischen Bau der Verse nachgebildet, wozu sich natürlich der Alexandriner durch seine Zweischenkligkeit besonders gut eignet. Als Beispiele können die beiden oben ange-

---

[93] Weitere Beispiele, die explizit vom Wunder der Einheit sprechen: I 69; II 57; V 30 („Göttliche Wunder"), V 47; VI 45 („Letztes Wunder").

führten Verse über den Tod gelten, bei denen jeweils die beiden Teile der paradoxen Aussage genau einen Halbvers füllen. Im ersten Beispiel ist die Zusammengehörigkeit der beiden gegensätzlichen Ausdrücke ,,vor dem Tode'' – ,,nicht im Tode'' raffinierterweise noch dadurch unterstrichen, daß sie je an der gleichen Stelle der beiden Halbverse stehen. Dieselbe Erscheinung, das Hervorheben eines Bezugs zwischen Gegensätzen durch bewußt symmetrische Anordnung, läßt sich auch in anderen Epigrammen beobachten. – Die Antithetik braucht nun aber nicht immer nur innerhalb eines Verses zu spielen, sondern die beiden Verse eines Epigramms können ihrerseits wieder antithetisch aufeinander bezogen sein, so zum Beispiel im folgenden Epigramm, wo die paradoxe Aussage des ersten Verses als Ganzes im zweiten Vers durch eine weitere gegensätzliche Aussage noch einmal relativiert wird:

> Verleugne dich
> Du mußt zuvor nichts sein, wann du willt etwas werden,
> Doch auch, der etwas ist, der bleibt in Tods Beschwerden. (I 55)

Im Extremfall kann schließlich ein Epigramm aus nichts anderem bestehen als aus zwei unverbunden nebeneinanderstehenden, völlig parallel gebauten antithetischen Versen, die sich nur durch die gegensätzliche Aussage unterscheiden und wie Plus und Minus einer Zahl aufeinander bezogen sind:

> Überall Himmel
> Überall Hölle
> O Ewigkeit! Voll Angst, voll Schmerzen, voll Entsetzen!
> O Ewigkeit! Voll Ruh, voll Wonne, voll Ergötzen! (VI 90)[94]

Eine Stilfigur, die direkt aus dem Paradox hervorgeht und vor allem die Einheit der Gegensätze betont, ist der Chiasmus. Wenn die beiden Teile einer paradoxen Aussage im Grunde eins sind, so muß auch die Umkehrung des Verhältnisses stimmen. Wenn Gott zugleich das ,,Alles'' und das ,,Nicht'' ist, so gilt nicht nur der Satz, daß das ,,Alles im Nicht'', sondern auch die Umkehrung, daß das ,,Nicht im Alles'' enthalten ist. Werden die beiden Sätze untereinander auf zwei Zeilen angeordnet und wird zudem der gemeinsame Teil der Sätze in die Mitte der chiastisch vertauschten Begriffe gerückt, die Achse andeutend, entlang welcher sie verschoben und kreuzweise ausgewechselt werden können, so ent-

---

[94] Eine ähnliche Struktur haben: I 14; IV 32, 33, 87.

steht eine sinnfällige Formel für die Austauschbarkeit und damit Einheit der beiden Teile der paradoxen Aussage:

Alles   Nicht
      im
Nicht   Alles (Überschrift zu I 40)

Dies ist nur eine der vielen chiastischen Formeln, die die Überschriften zu einer großen Anzahl von Monodistichen bilden. Auch im Bau der Epigramme selbst wirkt sich die chiastische Umkehrbarkeit paradoxer Verhältnisse aus. So findet die Formel für die „unio", „Gott   Mensch
              und   (II 67; IV 32, 91),
        Mensch   Gott"
ihre Entsprechung in dem mehrfach chiastisch gebauten Monodistichon:

Der Selige
Wie Gott Mensch wird, so wird der Mensch hingegen Gott;
Der Mensch trägt Gottes Huld und Gott des Menschen Not. (I 29)

Der Chiasmus spielt hier nicht nur innerhalb der beiden Alexandriner, im zweiten zudem durch die entsprechende Stellung der chiastisch vertauschten Begriffe in den beiden Halbversen unterstrichen, sondern auch zwischen den beiden Versen des Monodistichons, indem nämlich die Begriffe „Gott" und „Mensch" in chiastischer Vertauschung je die erste betonte Silbe der vier Halbverse bilden. – Ebenfalls in chiastischer Fügung wird in zwei aufeinanderfolgenden Monodistichen die paradoxe Einheit von Licht und Finsternis wiedergegeben, im einen in der Überschrift „Finsternis: Licht (I 65), im andern ausge-
                     Licht: Finsternis"
führt im Epigramm selbst:

Wie das Auge, so der Gegenwurf
Dem, der es sehen kann, ist Gott ein ewger Tag.
Eine ewge Nacht ist Gott dem, der es nicht vermag. (I 66)

Indem in den beiden gegensätzlichen, aber syntaktisch analog gebauten Aussagen Haupt- und Nebensatz chiastisch vertauscht werden, ergibt sich eine zweite chiastische Vertauschung, nämlich der entsprechenden Glieder der beiden Hauptsätze: „Ein ewge Nacht / ist Gott" – „ist Gott / ein ewger Tag". – Für

eine erweiterte Deutung der Form des Chiasmus besonders aufschlußreich ist
ein Monodistichon, das die Einheit der Gegensätze nicht nur chiastisch nachbildet, sondern zudem diese Einheit in einen kosmischen Bezug stellt:

>
> Zirkel der Ewigkeit
> Das Unterste das hat das Oberst auserkiest,
> Dieweil das Oberste gleich wie das Unterst ist. (III 91)

Was andernorts in formelhafter Verkürzung als „Oben: Unten   erscheint
Unten: Oben"
162), wird hier in einem chiastisch gebauten Epigramm ausgeführt. Entscheidend
aber ist, daß dadurch der Chiasmus in Verbindung gebracht wird mit dem
„Zirkel der Ewigkeit", jener auch in der „Consolatio" so bedeutenden neuplatonischen Vorstellung von der goldenen Kette, wonach das Ausfließen alles
Seienden aus dem Einen zugleich immer auch ein Zurücklaufen in dieses bedeutet, so daß schließlich das letzte Glied der Kette dem ersten, das Unterste
dem Obersten, gleich ist und sie sich zum Kreis zusammenschließt. Es ist
deshalb ziemlich wahrscheinlich, daß Czepko seine chiastischen Formeln nicht
nur von links nach rechts bzw. von rechts nach links als Sinnbild für die Ver-
tauschbarkeit paradoxer Begriffe gelesen haben wollte, sondern auch im Kreis
herum als ein Analogon der ewigen Kreisbewegung alles Seienden. Der Chiasmus erweist sich schließlich als Zeichen für den Kosmos überhaupt.

Während in den bis jetzt genannten Monodistichen eine bewußte Nachbildung des Inhalts in der äußeren Form offensichtlich ist, gibt es andere, bei denen
es schwer fällt, abzugrenzen, wie weit eine bewußte Sinngebung durch die äußere Form anzunehmen ist. Dieses Problem stellt sich zum Beispiel bei dem
Monodistichon:

>
> Im Wesen, nicht im Leben
> Wie Gott in sich, so ist die Seel in sich geblieben,
> Dann sonsten würde sie Gott nicht zurücke lieben. (IV 44)

Ist es ein Zufall, daß die Begriffe „Gott" und „Seele", die im ersten Alexandriner antithetisch auf die beiden Halbverse verteilt sind, im zweiten unmittelbar vor und nach der Zäsur aufeinanderstoßen, zudem noch chiastisch vertauscht – „sie [= die Seele] Gott" –, oder soll damit die Antithese augenfällig in
die Synthese übergeführt werden? Eine ähnliche Struktur hat das Monodistichon:

Taufe
Der Priester Wasser zwar, der Geist geußt Feuer ein.
Rein sind, die durch das Blut des Herrn gewaschen sein. (II 3)

Während hier im ersten Vers die Zäsur deutlich eingehalten ist und zudem die Antithese von „Priester" – „Geist" und „Feuer" – „Wasser" noch durch die analoge Stellung dieser Wörter in den beiden Halbversen unterstrichen ist, wird im zweiten Vers die Zäsur überspielt durch den Ausdruck „das Blut des Herrn", der genau die Versmitte bildet. Soll dadurch die Aufhebung der Gegensätze in einer höheren Einheit zum Ausdruck kommen?[95] – Neben solchen möglicherweise auf einen bestimmten Sinn hin konstruierten Epigrammen stehen schließlich viele andere, deren äußere Form keine Einheit mit dem Inhalt mehr bildet, solche etwa, bei denen die Zäsur auch dann überspielt wird, wenn vom Inhalt her eine antithetische Gliederung gegeben wäre (z. B. II 17; I 71). Daß aber die bedeutungsvolle Form, der hinweisende Charakter der Sprache überhaupt Czepkos Denken durchaus gemäß ist, zeigte uns die Vorrede zur „Semita", wo er nicht nur nach der Art kabbalistischer Sprachdeutung das Bibelwort „Lasset uns Menschen machen, ein Bild, das uns gleich sei" als verschlüsselte Offenbarung der Dreieinigkeit dieses Bildes selbst, des Menschen, auffaßte, sondern auch die äußere Form der Vorrede, in Aufbau und Syntax, zum Zeichen für das Gesetz von der Einheit in der Dreiheit, von dem das Werk spricht, werden ließ (vgl. S. 43 f.). Von der Kabbala selbst und der Zeichenhaftigkeit der Buchstaben eines kabbalistischen Textes spricht Czepko in der „Parentatio" (vgl. S. 41). Etwas von diesem Geist lebt auch in den „Monodisticha". Am eindeutigsten wird er greifbar in jenen Epigrammen, die selbst solche geheimen Bezüge zwischen Wörtern und Buchstaben herstellen.

Einige Monodistichen haben die Deutung einzelner Wörter als kabbalistische Zeichen zum Gegenstand. So erscheinen die drei Buchstaben des Wortes ICH als geheimer Hinweis auf die Trinität dieses Ich, auf die Gottebenbildlichkeit des Menschen, und damit auf seine wahre Bestimmung:

ICH
I Gott, C Christus, H das ist der heilge Geist.
Mensch, wann du sprichest ICH, schau, wo es hin dich weist.
(VI 95)

---

[95] Auf die besondere Struktur dieses Epigramms und ihre mögliche Bedeutsamkeit macht auch Ruth Müller aufmerksam (S. 171).

I ist natürlich die Abkürzung für den alttestamentlichen Namen Gottes, für Jehova. Auf ähnliche Weise werden das Wort „Mensch" (VI 50) sowie der alttestamentliche Name des Messias, Emmanuel (IV 90), als Zeichen gedeutet, die, richtig gelesen, zugleich etwas über das Wesen der von ihnen bezeichneten Personen aussagen. Der geheime Sinn eines Wortes kann sich auch durch Buchstabenumstellung, durch das Anagramm, enthüllen. Auf diese Weise wird in einem Epigramm aus den Namen der am Sündenfall Beteiligten ein Hinweis auf die Erlösung herausgelesen:

> Eva: Ave
> Adem: Made
> Natur: Natter
> Hätt' Eva nicht erlangt durch Ave eine Kur,
> Wär Adem Made noch und Natter die Natur. (III 47)

Der Mensch im unerlösten Zustand, der alte Adam, ist dem Tod und der Verwesung ausgesetzt, und die mit dem Menschen von Gott abgefallene Kreatur ist böse wie eine giftige Natter, doch der Name Eva selbst ist ein geheimes Zeichen für die Wiedergutmachung des Falles durch Christus, indem der Name, von hinten gelesen, auf die Botschaft des Engels an Maria im Neuen Testament, das „Ave Maria", hinweist. Das letzte Wortpaar, „Natur" – „Natter", ist allerdings nicht aufgrund eines Anagramms, sondern einer Paronomasie, des ähnlichen Klangs zweier Wörter, gebildet. Solche Beziehungen zwischen Wörtern ähnlichen Klangs finden sich auch sonst in den „Monodisticha". So werden mehrmals „gut" und „Gott" zusammengestellt, was auf der seit Luther gebräuchlichen, falschen Etymologie des Wortes „Gott" beruht. Weitere Paronomasien sind: „Gold und Gott" (VI 70); „Kreuz" – „Christ" (IV 97; V 32), wo die Zusammengehörigkeit der beiden Wörter zudem durch die Schreibung des Wortes „Kreuz" mit c hervorgehoben wird; „Innig und einig" (5. Klingel); „Dein Leben, sein Loben" (IV 14); „Mens" – „meins" (VI 69); „quälen" – „quellen" (IV 99); „wohl" – „weh" (II 30) u. a. Nur einen Sonderfall der Paronomasie bilden jene Wörter, welche aufgrund eines Reimes miteinander in Verbindung gebracht werden. Das geschieht besonders häufig in den Epigrammüberschriften, die durch solche Reimbeziehungen in formelhafter Abkürzung größere Zusammenhänge andeuten, z. B. „Wo Stille, da Fülle" (I 13), „In der Mitte, Güte" (I 92), „Wiederkehrn: Gewährn" (II 93), „Durch Christi Tod kommst du zu Gott" (II 1), „Durch Not zu Gott" (V 25). Die letzten beiden

Reimpaare finden sich auch als Endreime in mehreren Monodistichen[96]. Es sind keine zufälligen Reime, denn Tod und Gott stehen auch sonst in vielfältiger Beziehung, während das Reimpaar „Not" – „Gott" entweder auf die notwendige Abhängigkeit des Menschen von Gott oder auf die heilende Wirkung der Not im Sinne von „Unglück", „Leiden" hinweist. Welche Bedeutung Czepko dem Reim im allgemeinen beimißt, wird in anderem Zusammenhang noch zu zeigen sein. – Dreierformeln, wie sie die Vorrede zur „Semita" als Ausdruck der Einheit in der Dreiheit häufig verwendet (vgl. S. 44), finden sich in den „Monodisticha" nur sporadisch[97], wohl deshalb, weil der zweischenklige Alexandriner dazu wenig geeignet ist. Gegebenenfalls wird aber sogar die Zweiteilung des Alexandriners aufgegeben zugunsten einer Dreigliederung, wenn es darum geht, eine Dreiheit auch in der äußeren Form nachzubilden. So findet die Dreiheit „Heil, Wort und Gott" (VI 44), womit die göttliche Trinität gemeint ist, ihre formale Entsprechung in dem Epigrammvers:

Das Kreuz ist Wort, das Wort ist Gott, Gott ist dein Heil (VI 44),

und der erste Vers jenes Monodistichons, das das Gesetz der Dreieinigkeit auf das Feuer anwendet (vgl. S. 74 f.), lautet bezeichnenderweise:

Das Feuer ruht, die Glut bewegt, die Flamme brennt. (III 34)

Die in diesem Abschnitt unter dem Gesichtspunkt ihrer Bedeutung besprochenen Stilfiguren erinnern an entsprechende spitzfindige oder spielerische Formen weltlicher Lyrik, doch nehmen sie hier durch den Zusammenhang, in dem sie stehen, und durch die vielfachen Beziehungen zu Czepkos Denken eine besondere Färbung an. Wir brauchen uns nur immer wieder an Czepkos Deutung jener Bibelstelle über die Gottebenbildlichkeit des Menschen in der Vorrede zur „Semita" zu erinnern, um uns zu überzeugen, wie ernst er solche Dinge nimmt. Es ist deshalb eine gefährliche Verharmlosung, wenn man solche Stilfiguren als „preziöse Spitzfindigkeit" erklärt oder Czepko „eine ungemeine Lust an diesem Wortspiel der Buchstabenversetzung" zuschreibt[98]. Die erwähnten Formen sind mehr als ein selbstgefälliges Spiel oder zumindest ein Spiel, das auf

---

[96] Tod – Gott: I 20, 43, 49, 76; II 17, 61, 63; III 59; IV 23; V 33, 68.
  Not – Gott: I 5, 29, 88; II 21, 51; III 36, 62; IV 100; V 28; VI 68.
[97] I 33; IV 82; VI 21, 44, 59, 60, 61.
[98] Föllmi, S. 40, 38.

dem Glauben an wirkliche Bezüge, an den hinweisenden Charakter der Sprache und der äußeren Form beruht.

5. Das einzelne Epigramm im Spannungsfeld des Kontexts

Bei Eckhart lautet eine Stelle über die Gleichheit aller Dinge in Gott:

> Got gibet allen dingen glîch, und als sie von gote vliezent, alsô sint sie glîch; jâ engel und menschen und alle crêaturen die vliezent von gote glîch in irm êrsten ûzfluzze. Der nû die dinc naeme in irm êrsten ûzfluzze, der naeme alliu dinc glîch. Sint sie alsô glîch in der zît, sô sint sie in gote in der êwicheit vil glîcher. Der eine vliegen nimet in gote, diu ist edeler in gote dan der hoehste engel an im selber sî. Nû sint alliu dinc glîch in gote und sint got selber.[99]

Sehr nahe kommt dieser Eckhart-Stelle das Monodistichon:

> Gott liebt alles vollkömmlich
> So viel empfängt von Gott ein jedes, als es kann.
> Er schaut den Engel nicht vor einer Mücken an. (V 52)

Die dichterische Fassung gibt im Vergleich zur Eckhartschen den Gedanken von der Gleichheit aller Geschöpfe in Gott pointierter, verblüffender wieder, doch zugleich bedeutet sie auch eine Vereinfachung, da hier alle die feinen theologischen Differenzierungen des Eckhart-Textes wegfallen. Nur ,,in irm êrsten ûzfluzze" sind bei Eckhart alle Dinge gleich, und die Fliege läßt sich mit dem Engel ,,an im selber" nur unter gewissen Umständen vergleichen, nämlich insofern als sie ,,in gote" ist. Die dichterische Fassung käme einer Verwässerung des theologischen Zusammenhangs gleich, ginge dem zitierten Monodistichon nicht ein anderes voraus, das jenes ergänzt und einem allzu oberflächlichen Verständnis vorbeugt:

> Alle gegen dem Mittel
> Weil vor dem andern Gott will kein Geschöpf erhöhn,
> So müssen alle gleich im Wesen vor ihm stehn. (V 49)

---

[99] Predigt ,,Qui audit me"; Meister Eckhart, Die deutschen und lateinischen Werke: Die deutschen Werke, hg. von J. Quint, Bd. I, S. 199,1 ff.

Das „Mittel" ist der Mittelpunkt, von dem alles Seiende ausgeht, der Ursprung, so daß der Ausdruck „gegen dem Mittel", zusammen mit „im Wesen", genau Eckharts „im êrsten ûzfluzze" entspricht. Erst jetzt, wenn beide Epigramme im Zusammenhang gesehen werden, kann sich jenes erste in seiner vollen Bedeutung erschließen.

Was sich hier in dem gegenseitigen Bezug dieser beiden Epigramme äußert, ist Ausdruck eines allgemeinen Kompositionsprinzips der „Monodisticha" und hängt einerseits mit dem mystischen Sprachproblem, andererseits mit Czepkos Erkenntnislehre zusammen. Bei jedem Text mystischen Inhalts stellt sich das Problem, eine ewige Wahrheit, die von Natur eins und unteilbar ist und über der Zeit steht, im zeitlichen Nacheinander der Sprache wiederzugeben. Die einzelne Aussage kann immer nur einen Teil dieser Wahrheit fassen. Sie ist notgedrungen unvollständig und vorläufig und bedarf immer wieder der Ergänzung und Relativierung durch eine andere Aussage. Eine solche vorläufige Aussage ist jedes einzelne Monodistichon. Es ist immer nur Teil eines größeren Kontexts und kommt der ewigen Wahrheit nur im Bezug zu den andern näher. Eine Sache im Bezug zu einer andern zu sehen ist aber zugleich auch ein zentraler Gedanke von Czepkos Erkenntnislehre (vgl. S. 35). Er ist in den „Monodisticha" selbst ausgesprochen in dem Epigramm:

> Jedes durchs andere
> Die Ewigkeit durch Zeit, das Leben durch den Tod,
> Durch Nacht das Licht und durch den Menschen Gott. (I 49)

Ich kann etwas nur erkennen im Unterschied zu dem, was es nicht ist, in seinem Gegenteil. Auf die „Monodisticha" bezogen, heißt das: Das einzelne Epigramm kann nicht aus sich selbst, sondern erst im Bezug zu seiner Umgebung wirklich verstanden werden.

Dieses Kompositionsprinzip äußert sich in einer Vielfalt von Bezügen zwischen den einzelnen Monodistichen. Der wohl häufigste und auch augenfälligste Bezug ist die thematische Zusammengehörigkeit von Epigrammen, die sich zu locker gefügten, scheinbar assoziativ gebildeten Gruppen zusammenschließen. Solche scheinbar zufällig zustande gekommenen Gruppierungen haben aber ihren ganz besonderen Sinn: Das einzelne Epigramm wird in einen Kontext von anderen Aussagen zum selben Thema gestellt und so immer wieder relativiert, erläutert, ergänzt oder, was häufig der Fall ist, in seiner Aussage entschärft und gegen jeden Vorwurf der Blasphemie abgesichert. So macht Czepko in einer Gruppe von Epigrammen zum Problem der Sünde und des Bösen (III 54–59, 61)

zuerst ausreichend deutlich, daß das Böse nur die Form ist, in der der abgefallene, sündige Mensch das ewige Gute wahrnimmt, das Böse also weder eine eigene
Macht ist noch wesentlich etwas mit Gott zu tun hat, bevor er es wagt, in der zu-
gespitzten Formulierung des folgenden Epigramms von einer Einheit von Gut
und Böse in Gott zu sprechen:

> Gutes und Böses
> Besteht das Bös und Gut, entstehn zwei ewge Sachen.
> Ein ist's. Ein Lästern ist's, aus Gott zwei Götter machen. (III 61)

Für die gegenseitige Erläuterung und Vervollständigung thematisch zusam-
mengehöriger Epigramme ist die im Kapitel über „bildliches“ und „wesentliches“ Sprechen angeführte Epigrammgruppe über die wirkliche Gegenwart
Gottes in der Speise ein bezeichnendes Beispiel (vgl. S. 78 f.). Nach den ersten
beiden Epigrammen dieser Gruppe ist es unmöglich, das Verb „essen“ im dritten noch metaphorisch zu verstehen.

Verschiedene Aussagen zum selben Thema können in direktem Widerspruch
zueinander stehen. Sie treffen oft auf engstem Raum zusammen und lassen sich
nicht einfach als Ausdruck synkretistischen Denkens erklären[100]. Sie haben die
gleiche Funktion wie innerhalb eines Monodistichons das Paradox: Die gegensätzlichen Aussagen heben sich gegenseitig auf, womit aber zugleich die Aufhebung in einer höheren Einheit gemeint ist. In einem solchen paradoxen Verhältnis stehen die beiden Monodistichen V 20 und V 22:

> Umsonsten
> Mensch, deine Seligkeit die will kein ander Müh:
> Glaub es, daß Christus dich erlöst, so hast du sie. (V 20)

> Übe gute Werke
> Mensch, willt du selig sein, brauch einen Ernst dazu.
> Wer sich nicht bis in Tod bemüht, sieht nicht die Ruh. (V 22)

Die eine Wahrheit, die alleinige Rechtfertigung durch den Glauben, wird in
Frage gestellt durch die gegensätzliche Aussage, daß zur Erlangung der Seligkeit
gute Werke unerläßlich seien. Eine dialektische Versöhnung dieses Wider-
spruchs und damit das richtige Verhältnis von Glaube und Werken ist im Epigramm, das zwischen den beiden widersprüchlichen Monodistichen steht, in der
Vorstellung vom Menschen als Instrument Gottes angedeutet:

[100] So Ruth Müller S. 161, 178.

Gehe Gott zur Hand
Wohl steht es, bist du Gott, was deine Hand dir ist,
So hast du Gott und er dich wieder auserkiest. (V 21)

Im Zusammenhang mit den beiden widersprüchlichen Monodistichen wird
dieses Epigramm zur indirekten Aussage dessen, was andere Monodistichen direkt ausdrücken: Der rechte Glaube zeitigt auch gute Werke, denn indem der
Mensch glaubt, wird er zum Werkzeug Gottes und übt seinen Willen aus. In der
Mittelstellung dieses Epigramms zwischen den beiden widersprüchlichen Aussagen über das Verhältnis von Glaube und Werken kommt seine verbindende
Funktion auch äußerlich zum Ausdruck. Eine weitere formale Eigenheit dieser
Epigrammgruppe ist die identische Einleitung der beiden scheinbar widersprüchlichen Epigramme, womit wohl auf ihre Zusammengehörigkeit, auf die
Einheit der Gegensätze, hingewiesen werden soll. Ähnlich wie diese drei Monodistichen verfährt auch eine Gruppe widersprüchlicher Aussagen über das Verhältnis von Leib und Seele, die nicht nur für die bewußte und differenzierte Set-
zung von Widersprüchen zwischen den einzelnen Epigrammen, sondern für die
Bedeutsamkeit des Kontexts überhaupt aufschlußreich ist:

Das Einfache unauflöslich
Nichts in noch außer ihr trennt sie, die Seel, entzwei.
Drum kommt ihr wie dem Leib auch kein Zustören bei. (III 18)

Verborgene Verklärung
Das Leben hat der Geist durch deinen Leib erlesen
Und stürzet sich mit ihm zurück ins höchste Wesen. (III 19)

Mehr außen als innen
Die Seele wirkt, davon der Körper nichts versteht,
Daher sein Wesen nicht aus ihrem ist noch geht. (III 20)

Gefangene Freiheit
Mit ihm, dem Körper, hat die Seele nichts gemein
Und muß, o Wunder, doch in ihm verschlossen sein. (III 22)

Je eigentlicher, je reiner
Die Seele schaute Gott in ihrem Boden an,
Wann alle Mittel ihr nur wären abgetan. (III 24)

Außers aus dem Innern
Die Seele bildet ihr den Leib aus ihrer Kraft:
Nichts wirkt, nichts wird als bloß durch göttlich Eigenschaft.
(III 26)

Der Leib erscheint bald in inniger Einheit mit der Seele, bald als deren absolu-
ter Gegensatz oder als das „Mittel", hier im Sinne von etwas Dazwischenliegen-
dem, das die Seele an ihrer Vereinigung mit Gott hindert. Daß hier aber nicht
einfach Aussage gegen Aussage gestellt ist, sondern daß sich hinter den Widersprüchen ein differenziertes Verhältnis zwischen Leib und Seele verbirgt, ist angedeutet in der begrifflichen Unterscheidung von „Leib" für die positiven und
„Körper" für die negativen Aussagen über dieses Verhältnis. Was hier durch
eine Reihe widersprüchlicher Aussagen ausgedrückt ist, sind die zwei Aspekte
des Irdischen, im besonderen des Leibes, von denen die „Consolatio" spricht
(vgl. S. 34/S. 36). Als Gegenwurf der Seele verstanden, besteht der Leib in einer ursprünglichen Einheit mit dieser, wird er jedoch absolut gesetzt, so gehört
er zu den „Zufällen" und hat nichts mit der Seele gemein. Er ist dann das Hindernis, das durchbrochen werden muß. Die beiden Aspekte sind zwar gegen-
sätzlicher Natur, aber wie Böse und Gut schließlich eins sind, so müssen auch
„Leib" und „Körper" als die gegensätzlichen Aspekte ein und derselben Sache
zusammen gesehen werden. Daß der menschliche Leib zugleich „Körper" und
„Leib" sein kann, ist das Wunder, von dem das vierte Epigramm der Gruppe,
„Gefangene Freiheit", spricht.

Neben diesen beiden häufigsten Formen des Bezugs, dem Widerspruch und
der gegenseitigen Relativierung von Epigrammen innerhalb einer thematischen
Gruppe, nutzen die „Monodisticha" im einzelnen noch viele weitere Möglichkeiten des Bezugs zwischen Epigrammen aus. Einen allgemeinen theoretischen
Satz formuliert zum Beispiel das Monodistichon:

Nichts Fremdes dazu
Was miteinander sich ohn Mittel soll verbinden,
Das muß ohn Unterscheid sich auseinander finden. (I 68)

Worauf dieser allgemeine Satz zu beziehen ist, wird erst in den folgenden drei
Epigrammen ersichtlich, die den Satz hintereinander auf das Verhältnis von
Seele und Gott, von Seele und Leib sowie auf die beiden Wege der Natur und der
Schrift anwenden. – Vom Wesen der Zeit im allgemeinen spricht das Epigramm:

Währung der Dinge
Vor mir war keine Zeit, nach mir wird keine sein,
Mit mir gebiert sie sich, mit mir geht sie auch ein. (III 11)

In diesen Worten ist noch nichts ausgesagt über eine allfällige Möglichkeit, die Zeit noch während des Lebens zu überwinden. Eine solche Bedeutung kann dem Epigramm erst im Nachhinein unterlegt werden, durch den Bezug zum übernächsten Epigramm, das den Weisen definiert als einen, der über Ort und Zeit steht:

Nichts in der Zeit als den Leib
Der Weise, wo er steht, weiß nichts von Ort und Zeit:
Er lebt zwar hier und ist doch in der Ewigkeit. (III 13)

Von den wenigen metaphorischen Epigrammen der „Monodisticha" erfahren einige noch eine zusätzliche Einschränkung durch den Kontext. So wird die Metapher „steigen" für die Vereinigung mit Gott im Epigramm I 35 – und damit indirekt auch alle andern räumlichen Metaphern – in Frage gestellt durch den Bezug zu einem andern Epigramm, das kurz zuvor alle räumlichen Vorstellungen für den göttlichen Bereich als unzureichend erklärt hat:

Warte sein
Gott ist nicht hier noch dar. Was steigst und suchest du?
Eröffne dein Gemüt, er selber spricht dir zu. (I 32)

Durch Widerspruch heben sich in den Epigrammen I 45 und I 47 zwei Metaphern für die Selbsterkenntnis auf, die im einen als „Sprechen mit sich selbst", im andern als „Schweigen" erscheint. Nicht gerade aufgehoben, aber doch in ihrer Geltung eingeschränkt wird die Metapher im Epigramm V 53 – die im übrigen auf einer wirklichen Analogie beruht –, indem das folgende Epigramm V 54 denselben Gedanken gleich nochmals, aber nun nicht mehr in metaphorischer Umschreibung formuliert:

Geh dir ausm Wege
Die Erde raubt ihr selbst der Sonnen süßes Licht,
Wann sie den Schatten macht. Die Sonne tut es nicht. (V 53)

Wie du willt
Gott ist dem Seligkeit, der sich zu ihm will wenden;
Verdammnis ist dem Gott, der sich den Wahn läßt blenden. (V 54)

Bis jetzt war immer nur die Rede von Bezügen zwischen einzelnen Epigrammen. Ähnliche Bezüge wie zwischen den Epigrammen bestehen aber auch zwischen dem Epigramm und seiner Überschrift. Das Epigramm bildet dabei meistens die Erklärung einer formelhaften Überschrift. Die Überschrift kann aber umgekehrt auch zum Schlüssel für das Verständnis des Epigramms werden[101], oder Epigramm und Überschrift beziehen sich aufeinander als metaphorische und direkte Formulierung desselben Gedankens[102]. Schließlich muß auch in Betracht gezogen werden, daß jedes Epigramm nicht nur im Spannungsfeld seiner näheren Umgebung steht, sondern immer zugleich auch Teil eines größeren Kontexts ist. Über die nähere Umgebung hinaus lassen sich Bezüge nicht nur innerhalb der hundert Epigramme eines Buches herstellen, sondern vielfältige Zusammenhänge, vor allem thematischer Art, ergeben sich auch zwischen den einzelnen Büchern. Alle Aussagen der „Monodisticha" werden zudem im gesamten nochmals relativiert, wenn man sie im Zusammenhang mit jenen Epigrammen sieht, die von der Unmöglichkeit sprechen, Gott überhaupt mit irgendwelchen Begriffen zu fassen[103].

Die gegenseitige Verflechtung der einzelnen Aussagen stellt hohe Ansprüche an den Leser. Um die „Monodisticha" richtig zu verstehen, muß er jedes einzelne Epigramm immer wieder von neuem auf den Kontext beziehen. Die „Monodisticha" erlauben kein fortschreitendes Lesen, sondern jedes Vorwärtsgehen bedeutet immer zugleich auch ein Zurückgehen, ein Zurückgreifen auf schon Gesagtes. Gelingt es aber, die „Monodisticha" in diesem Sinne zu lesen, so werden sie zur Schule des richtigen Erkennens, indem sie den Leser lehren, eine Sache durch ihr Gegenteil, „Jedes durchs andere", zu erkennen. Das Ziel, von dem im „Phaleucus" die Rede ist, wird aber schließlich die „wesentliche" oder „empfindende" Erkenntnis dessen sein, was die „Monodisticha" lehren. Es wird erreicht in einem „wesentlichen" Lesen, von dem nun im nächsten Kapitel, in welchem der Leser im Mittelpunkt steht, gesprochen werden soll.

---

[101] I 79; II 7; VI 24.
[102] Metaphorische Überschrift – direkte Formulierung im Epigramm: IV 50, 92; V 88.
Überschrift als direkte Formulierung der Metapher im Epigramm: III 34.
[103] II 89–91; IV 76, 88; V 75; vgl. auch Kap. II 3 „Bildliches" und „wesentliches" Sprechen.

6. Das „wesentliche" Lesen

Auffallend oft wird in den „Monodisticha" betont, daß das bloße Lesen nicht genüge, und immer wieder wird der Leser aufgefordert, nicht am Buchstaben hängenzubleiben, sondern die Epigramme „nach dem Geiste", oder wie immer die Ausdrücke dafür heißen mögen, zu verstehen. Schon das Einleitungssonett zum „Deutschen Phaleucus" spricht, unter Verwendung einer Metapher aus dem Vorstellungsbereich der Alchemie, von den Bedingungen für ein richtiges Verständnis der Schlußreime:

> Wer inner sich das Scheidewasser hat,
> Dadurch die Seel auflöst die Ding im Wesen,
> Wird euern Kern stracks brechen in der Tat
> Und Gott in ihm, Natur in ihn sich lesen. (GS 203)

Im „Deutschen Phaleucus" charakterisiert Czepko die Schlußreime als eine Form, die durch Gegensätze gekennzeichnet ist. Dabei nennt er sie unter anderem „herb" und zugleich „süß", je nachdem, wie der Leser sie aufnimmt:

> Herbe: Wer sie will nach den Worten setzen,
> Süße: Wer sie kann nach dem Geiste schätzen. (GS 206)

Wenn Czepko nachher von der Nützlichkeit der „Monodisticha" für die Vertreter aller Wissenszweige spricht, so empfiehlt er sie dem Dichter mit Worten, die dem Verhaftetsein an den Buchstaben, dem bloßen Interesse an der äußeren Form, ein anderes, wesentlicheres Verständnis der Dichtung gegenüberstellen. Wie im Einleitungssonett verwendet Czepko auch hier wieder die Vorstellung von einem „Kern" der Dichtung:

> Er soll leben viel eh, als reimen lernen,
> Nicht nach Schalen sich sehnen, sondern nach Kernen. (GS 207)

Aufforderungen zu einem Lesen, das über den bloßen Wortlaut hinausgeht, sind auch die Überschriften zu den Klingeln des ersten, und des vierten Buches der „Monodisticha":

> Mehr denken als lesen (GS 219)
> Nicht nach den Worten, sondern dem Sinn (GS 248)

Als Vorbild für solche Formulierungen ist wohl eine Stelle im 2. Korintherbrief zu betrachten, wo es in Kapitel 3,6 heißt: „denn der Buchstabe tötet, der Geist aber macht lebendig." Was bei Czepko im besonderen unter diesem richtigen Lesen, von dem alle die angeführten Beispiele sprechen, zu verstehen ist, deutet der Ausdruck „die Ding im Wesen auflösen" in den am Anfang zitierten Versen aus dem Einleitungssonett zum „Deutschen Phaleucus" an. Das richtige Lesen ist ein „wesentliches" Lesen nach der Art des „empfindenden" Erkennens: Der Leser muß, um die Sache richtig zu verstehen, diese Sache selbst sein. Die Begriffspaare „Schale" – „Kern", „Wort" – „Geist", „Wort" – „Sinn" entsprechen genau den beiden Erkenntnisarten, die in den „Monodisticha" auch mit den Begriffen von „Bild" und „Wesen" wiedergegeben sind (vgl. S. 77). In den Sprüchen selbst kommt Czepko in sehr vielen Epigrammen immer wieder auf das zentrale Thema – Du mußt die Sache selbst werden, wenn du sie erkennen willst – zurück[104]. Diese Epigramme sind nicht nur als Aufforderung zur „wesentlichen" Erkenntnis Gottes zu verstehen, sondern ebensosehr als immer wiederkehrende Aufforderungen zum richtigen Lesen. Es genügt nicht, wenn der Dichter sich bemüht, eine „wesentliche" Sprache zu sprechen, der Leser muß sie auch „wesentlich" verstehen. Bezeichnenderweise wird in jenen zentralen Versen des „Deutschen Phaleucus" das „empfindende" Erkennen, das die „Monodisticha" vermitteln sollen, noch abhängig gemacht von der Bedingung des richtigen oder „wesentlichen" Lesens. Die betreffende Stelle heißt nämlich im vollen Wortlaut:

> Das wird wohl beschaut und zugleich umschlossen,
> Das wird wohl erglaubt und zugleich genossen,
> Wo auf Worte nicht, sondern acht auf Leben,
> Nicht auf Lehre wird, sondern Geist gegeben. (GS 209)

Erst wenn die „Monodisticha" in diesem Sinne gelesen werden, erschließt sich ihre eigentliche Bedeutung; die Paradoxe werden als Einheit erkannt und die „Wunder" verstanden, oder, wie es in der zweiten Klingel heißt, erst wenn man „die Reim aus diesem Grunde lesen" kann, sind „Gott, Natur und wir und alle Wundersprüch ein Wesen" (GS 230).

Das Ziel und zugleich die höchste Form des „wesentlichen" Lesens und Erkennens ist die „wesentliche" Erkenntnis Gottes. Diese höchste Stufe der Erkenntnis ist identisch mit der „unio mystica", denn um Gott zu erkennen, muß die Seele selbst Gott werden; die „wesentliche" Erkenntnis Gottes besteht in der

---

[104] II 91; III 8; IV 17, 19, 20, 21, 26, 54, 65; V 29.

Einheit von Gott und Seele. Den Leser zu diesem Ziel zu führen ist das eigentliche Anliegen der „Monodisticha". Dieses Ziel wird aber nicht unmittelbar oder irgendwann einmal während der Lektüre der „Monodisticha" erreicht, sondern eine Stufung des Weges zu Gott ist, zumindest äußerlich, in den Klingeln zu den sechs Büchern angedeutet. Diese richten sich in allmählicher Steigerung nacheinander

> An Lesenden
> An Forschenden
> An Durchdringenden
> An Befreiten
> An Innigen
> An Seligen

Der entscheidende Begriff in dieser Stufenfolge ist der „Befreite". In der dritten Klingel wird die Befreiung als ein Wendepunkt auf dem Weg zu Gott dargestellt. Bis zu diesem Punkt ist der Weg ein stetiges Steigen, doch dann wendet er sich nach innen. „Das Schönste ist droben" heißt die Überschrift zur dritten Klingel, beschlossen wird die Klingel aber durch den Wahlspruch „Inwendig am schönsten". Das Sonett selbst beginnt mit dem Aufstieg und endet mit Versen, die vom Anhalten dieser Bewegung sprechen:

> Schwinge die Flügel der Seelen empor,
> Oben die schönste Gestalt zu beginnen.
>
> .
>
> .
>
> .
>
> Aber halt an, du verbrennst in der Sonnen.
> Du bist des Fluges, sie in dir, befreit. (GS 239)

Das Pronomen „sie" in dem verkürzten Konditionalsatz „sie in dir" bezieht sich auf „Sonne", was eine geläufige, auf einem Analogieverhältnis beruhende Metapher für Gott ist. Wenn Gott in der Seele ist, dann ist der Mensch „befreit". Diese Befreiung geschieht am Ende des dritten Buches, also genau in der Mitte der „Monodisticha". Im dritten Buch ist der Leser noch der „Durchdringende", vom vierten Buch an ist er der „Befreite". Zu beachten ist, daß die Überschriften zu den ersten drei Klingeln den Menschen auf dem Weg zu Gott mit aktiven Bildungen als „Lesenden", „Forschenden", „Durchdringenden" bezeichnen, in den andern drei Klingeln dagegen nur noch passive Bildungen erscheinen. Der Weg zu Gott ist zuerst eine aktive Annäherung von außen, wird dann aber in einer zweiten Phase zum passiven Erleiden Gottes, das auch als Weg nach innen verstanden wird. Die Freiheit, die mit dem Ende des dritten Buches erreicht ist, ist das, was in der Mystik auch als Gelassenheit oder Abgeschiedenheit erscheint. Sie ist die Voraussetzung für die „wesentliche" Erkenntnis, die völlige Angleichung der Seele an Gott. In der Verwendung des Begriffs „Freiheit" für eine solche Beschaffenheit der Seele berührt sich Czepko mit Eckhart, bei dem die Freiheit im Zusammenhang mit der Abgeschiedenheitslehre als Frei-Sein für das Ereignis der Gottesgeburt eine zentrale Rolle spielt. Das richtige oder „wesentliche" Lesen, um wieder auf das Grundthema dieses Abschnittes zurückzukommen, geschieht aus einer solchen Freiheit heraus, oder wie es in der vierten Klingel heißt:

> Wer du auch bist,
> Frei mußt du gehen,
> Wann du hier liest,
> Dann bloß ein Christ
> Kann es verstehen.
> O tiefe Höhen! (GS 249)

Mit der sechsten Stufe ist aber der Weg zur höchsten Erkenntnis noch nicht ganz vollendet. Die „Monodisticha" brechen zwar nach sechsmal hundert Epigrammen ab, doch wie die Klingel zum sechsten Buch deutlich macht, ist das letzte Epigramm zugleich der Anfang einer siebenten und höchsten Stufe:

> Hier beschleußt das sechste Hundert, nunmehr fällt der Sabbat ein.
> (GS 268)

Die siebente und letzte Stufe ist das Schweigen, die Ruhe, von der die „Monodisticha" so eindringlich sprechen und die Gott selbst ist, und weil dieses Ziel zugleich der Anfang alles Seienden ist, so ergibt sich das Paradox von der Einheit von Anfang und Ende, das in der Überschrift zum letzten Monodistichon in chiastischer Vertauschung als „Ende   Anfang formuliert ist.

im

Anfang   Ende"

In dieser Gliederung des Weges zu Gott spiegelt sich die Siebenzahl der Seelenstufen, die in der geistlichen Literatur des Mittelalters neben der bekannten

Dreiteilung des mystischen Weges in ,,purgatio", ,,illuminatio" und ,,unio" weit verbreitet war und die ihren Ursprung in Augustins ,,De quantitate animae" hat. In Bonaventuras ,,Itinerarium mentis in Deum" wird der Mensch über sechs Erleuchtungsstufen zur Ruhe der Beschauung emporgeführt, und in seinen ,,Collationes in Hexaëmeron" gliedert sich der Weg zu Gott in sieben stufenförmig fortschreitende Schaugesichte. Eine große Rolle spielen die sieben Stufen auch in der mittelalterlichen Pseudo-Bonaventura-Literatur, wozu etwa der Traktat ,,De septem gradibus contemplationis" oder die häufig Bonaventura zugeschriebene Schrift ,,De septem itineribus aeternitatis" des Rudolf von Biberach gehören. Allegorisch dargestellt als Baum mit sieben Ästen erscheint der siebenstufige Weg in dem Pseudo-Bonaventura-Traktat der ,,Arbor amoris" und in der dieser nahe stehenden ,,Palma contemplationis", die in der deutschen Mystik vor allem durch ihre volkssprachliche Ausgestaltung im sogenannten St. Georgener Prediger bekannt geworden ist[105]. David von Augsburg verwendet die Vorstellung von den sieben Stufen nicht nur in seinem lateinischen Hauptwerk ,,De exterioris et interioris hominis compositione libri tres", dessen drittes Buch den Titel ,,De septem processibus religiosorum" trägt, sondern auch in den beiden deutschen Traktaten ,,Die sieben Vorregeln der Tugend" und ,,Die sieben Staffeln des Gebets". Geläufig ist der mittelalterlichen geistlichen Literatur auch die Verbindung des siebenstufigen Aufstiegsschemas mit den sieben Gaben des heiligen Geistes, wie sie sich beispielsweise im Prolog des St. Trudperter Hohen Liedes findet, wo der mystische Aufstieg als stufenweise Neuschöpfung des gefallenen Menschen durch den Geist dargestellt wird. Ein weiteres Beispiel für die Verbreitung der Vorstellung von den sieben Stufen ist im 14. Jahrhundert Jan van Ruysbroeck mit seinen Schriften ,,Van VII trappen in den graed der gheesteleker minnen" (,,Die sieben Stufen der geistlichen Liebe") und ,,Van den VII sloten" (,,Von den sieben Schlössern"). Wie lebendig die Tradition des siebenstufigen Weges noch bis ins 17. Jahrhundert geblieben ist, zeigt die 1640 erschienene ,,Pro theologia mystica clavis" des Jesuiten Sandaeus, der dort in einem Abschnitt über die Stufung des mystischen Weges dem Pseudo-Bonaventura-Traktat ,,De septem gradibus contemplationis" exemplarische Bedeutung beimißt. – Bei der Konzeption der ,,Monodisticha" hat vielleicht neben der Siebenzahl bis zu einem gewissen Grad auch das dreistufige Aufstiegsmodell mitgespielt. Die Gliederung der ersten sechs Stufen des mystischen Weges in zwei Phasen, wie sie in den Überschriften zu den sechs Büchern angedeu-

---

[105] Vgl. Urs Kamber, Arbor amoris. Der Minnebaum. Ein Pseudo-Bonaventura-Traktat (Philolog. Studien und Quellen 20, 1964).
Ph. Strauch, Palma contemplationis (PBB 48, 1924).

tet sind, legt nämlich die Möglichkeit nahe, die sieben Stufen der „Monodisticha" schließlich zu drei Hauptstufen zusammenzufassen, deren letzte, die
„unio", durch die in den „Monodisticha" sprachlich nicht mehr realisierte Stufe
der Ruhe oder des „Sabbats" repräsentiert würde.

Während die Gelassenheit, das Aufgeben des eigenen Willens, noch im Bereich des menschlichen Wollens liegt, so daß der Mensch immer wieder zur Umkehr aufgefordert werden kann, ist die letzte Stufe des Weges zu Gott nur gna-
denhaft zu erreichen, nämlich durch den Glauben an Christus. Die Devise heißt
jetzt:

> Tritt, Pythagoras, zur Seiten, hier ist der Verwandlungsmann!
>
> (GS 268)

Pythagoras, im 17. Jahrhundert allgemein als Vermittler der kabbalistischen
Weisheit der Hebräer und Ägypter verstanden und im „Deutschen Phaleucus"
neben anderen Namen im Zusammenhang mit dem Weg der Natur genannt,
steht hier stellvertretend für das Wissen überhaupt, während der „Verwandlungsmann" Christus auf die Gnade durch den Glauben verweist. Das Verhältnis von Wissen und Glauben erscheint als Paradox von Wissen und Nicht-Wis-
sen öfter in den „Monodisticha" – „Je mehr Wissenschaft, je weniger Erkenntnis" heißt beispielsweise eine Überschrift (I 97) – und entspricht genau den beiden Erkenntnisarten, die auch dem Gegensatz von buchstäblichem und „we-
sentlichem" Lesen zugrunde liegen. Pythagoras, das Wissen, ist die „bildliche"
oder begriffliche Erkenntnis, zur „wesentlichen" Erkenntnis aber führt nur der
„Verwandlungsmann" Christus, denn erst durch seine Erlösungstat und durch
den Glauben an ihn wird die Wiedervereinigung der Seele mit Gott und damit
das „wesentliche" Erkennen möglich. Wenn aber Erkennendes und Erkanntes,
die Seele und Gott, einander gleich sind, ist das Gegenüber aufgehoben, so daß
es keine begriffliche Erkenntnis mehr gibt: Pythagoras kann zur Seite treten. – In
diesem Sinn ist auch das Verb „pythagorisieren" zu verstehen in dem Monodistichon:

> Disteln dem Esel
>
> Mein Spötter, laß die Reim unpythagorisiert.
> Du bist genung gestraft, wenn keiner dich berührt. (VI 81)

Von einem Epigramm „berührt" wird nur, wer es „wesentlich" zu lesen versteht, und nur bei einem solchen Lesen erschließt sich sein Sinn, der einem bloß

„pythagorisierenden" Verständnis verschlossen bleibt. Pythagoras ist zwar ein Weg zur Wahrheit, aber die letzte Instanz ist immer Christus.

In der Schlüsselstellung, die in den „Monodisticha" dem Leser zukommt, zeigt sich besonders deutlich die religiöse Funktion dieser Dichtung. Die „Monodisticha" sind nicht einfach ein fertiger, in sich abgeschlossener literarischer Text – obwohl sie das natürlich auch sind –, sie verstehen sich vielmehr als Aufgabe, die dem Leser gestellt wird und die von ihm im denkenden Nachvollzug der Sprüche bewältigt werden muß. Die Meditation des Lesers wird so zum unentbehrlichen Bestandteil der „Monodisticha", denn erst in der Meditation verwirklicht sich der eigentliche, der religiöse Sinn dieser Dichtung, die dann zugleich mehr als Dichtung ist: sie wird zum mystischen Weg.

Sucht man nach möglichen Vorbildern für die Aufforderung zum „wesentlichen" Lesen, so findet man im geistlichen Bereich eine Entsprechung in dem in mystischer Literatur häufig erscheinenden Grundsatz des „simile simili cognoscitur", das bei Eckhart beispielsweise in folgender Formulierung erscheint:

> Wer dise rede niht enverstât, der enbekümber sîn herze niht dâ mite. Wan als lange der mensche niht glîch enist dirre wârheit, alsô lange ensol er dise rede niht verstân[106].

Im weltlichen Bereich wird man sich etwa an Bescheidenheitstopoi erinnern, die den Leser bitten, mehr auf den guten Willen des Dichters als auf die ungenügende Ausführung zu achten. Ein gutes Beispiel für einen solchen Zusammenhang findet sich bei Czepko selbst. In der Widmungsrede zum Schäferepos „Coridon und Phyllis" anempfiehlt Czepko seinem Herrn, dem Baron Czigan, das Werk mit Worten, die einer Aufforderung zum „wesentlichen" Lesen recht nahe kommen. Czepko drückt dort seine Hoffnung aus, daß

> Euer Gnaden mein Anbringen eher aus dem Gemüte als den Worten verstehen und urteilen werden. Dann . . . erkennen Sie alsbald, daß ich dem Gemüte nichts als den Mund geliehen, und empfinden eher meine Reden, als Sie selbige hören. (WD 2)

Das Werk „aus dem Gemüte" zu verstehen, es eher zu „empfinden" als zu hören entspricht genau dem Lesen der „Monodisticha" „nach dem Geiste". –

---

[106] Meister Eckhart, Die deutschen und lateinischen Werke. Die deutschen Werke, hg. von J. Quint, Bd. II, S. 506,1 ff.

Es zeigt sich auch hier wieder, was sich schon im Zusammenhang mit der relativen Metaphernarmut und bei einigen Stilfiguren beobachten ließ: stilistische Eigenheiten der weltlichen Dichtung, bloße Formen und Formeln werden in der geistlichen Dichtung mit neuem Sinn erfüllt oder wieder in ihrer eigentlichen Bedeutung sichtbar gemacht.

Die Forderung nach einem richtigen oder „wesentlichen" Lesen kann schließlich auch direkt im Zusammenhang mit den religiösen Auseinandersetzungen im 17. Jahrhundert gesehen und als Distanzierung vom lutherischen Schriftprinzip gedeutet werden. Nicht zufällig wird die Forderung des „wesentlichen" Verständnisses auch auf das Verständnis des Wortes Gottes überhaupt ausgedehnt, so, wenn Czepko im „Deutschen Phaleucus" in bezug auf den Geistlichen sagt:

> Nicht sein, sondern das Wort soll er erheben,
> Das im Buchstaben tot, im Geiste ist Wesen. (GS 208)

Das äußere Wort ist immer nur „Schale", oder, um mit einem anderen Bild Czepkos zu sprechen, es ist die „Leitröhr", durch die die Lehre und der Glaube den Menschen zufließen (V 97). Das „wesentliche" Lesen ist das genaue Gegenteil einer dogmatischen Buchstabenfrömmigkeit. In diesen Zusammenhang gehört auch der Gedanke von der „Herzenskirche" im Gegensatz zur Mauerkirche. Die „Herzenskirche" ist nicht nur als Rückzug ins Innere unter dem Druck der Gegenreformation zu verstehen, sondern auch als Alternative zu einem veräußerlichten, dogmatisch erstarrten Luthertum: Die „wahre Kirche" ist dort, „wo man nach der Schrift im Herzen glaubet" (V 98)[107]. Der Begriff der „Herzenskirche" meint nichts anderes als jene Freiheit für das „wesentliche" Verständnis des Gotteswortes, was in letzter Konsequenz die mystische Vereinigung mit Gott bedeutet. In diesem Sinn, als Bezeichnung für die höchste Stufe der Annäherung an Gott, erscheint der Begriff in der Klingel zum sechsten Buch der „Monodisticha":

> Hier beschleußt das sechste Hundert, nunmehr fällt der Sabbat ein.
> Senke Sinnen, Seel und Geist tief in deines Gottes Willen,
> So wird seine Herrlichkeit deines Herzens Kirch erfüllen.
>
> (GS 268)

---

[107] Weitere Epigramme zu diesem Problemkreis: V 97, 99; VI 84.

7. Der Aufbau der „Monodisticha"

Solange der Bezug der „Monodisticha" zum Leser im Mittelpunkt der Betrachtung steht, wird man in ihrem Aufbau vor allem eine Nachbildung des mystischen Weges erkennen, der im mystischen Schweigen, dem „Sabbat", endet. Mit der Gliederung der „Monodisticha" in sechs Teile, denen als siebenter, nicht mehr im dichterischen Wort verwirklichter Teil der „Sabbat" folgt, ist aber noch ein anderer Bezug gegeben: Die sechs Bücher der „Monodisticha" stehen in Analogie zu den sechs Schöpfungstagen, auf die am siebenten Tag die Ruhe folgte. Die sechsmal hundert Epigramme bilden nicht nur die ersten sechs Stufen des mystischen Weges nach, sondern durch den Bezug zur Schöpfungsgeschichte erheben sie zugleich den Anspruch, in analogischer Weise die Schöpfung, von der sie sprechen, selbst zu umfassen.

Wie die siebenstufige Gliederung des mystischen Weges selbst, so hat auch ihre Parallelisierung mit den sieben Tagen der Schöpfungsgeschichte eine alte Tradition. Die Entsprechung zwischen dem Sechstagewerk und dem inneren stufenförmigen Fortschreiten ist der zentrale Gedanke von Bonaventuras letztem, unvollendetem Werk, den „Collationes in Hexaëmeron"; doch schon im „Itinerarium" heißt es:

> Sicut Deus sex diebus perfecit universum mundum et in septimo requievit, sic minor mundus sex gradibus illuminationum sibi succedentium ad quietem contemplationis ordinatissime perducatur.
>
> („Itinerarium mentis in Deum" I 5)

Ruysbroecks Schrift „Van den VII sloten" endet mit einem Ausblick auf die Entstehung der Schöpfung, und wenn im Prolog zum St. Trudperter Hohen Lied, der sich als ein Abriß der gesamten Heilsgeschichte darstellt, der mystische Aufstieg als eine Neuschöpfung des durch den Fall zu einem Nichts gewordenen Menschen verstanden wird, so ist der Bezug zwischen mikrokosmischem und makrokosmischem Geschehen deutlich. Die Parallelisierung von Schöpfungsgeschichte und innerer Erneuerung ist auch noch Tschesch geläufig, der sie in einem längeren Epigramm mit der Überschrift „Septenarius creationis mysticus" ausführt (Tschesch X 3).

Als Analogon der Schöpfung sind die „Monodisticha" ein zyklisch in sich geschlossenes Gebilde. Im Unterschied zum „Cherubinischen Wandersmann", dessen Bücher verschieden lang sind und bei dem die Zahl der Epigramme eines

Buches nicht bedeutungstragend ist, umfaßt jedes der sechs Bücher der „Mono-disticha" genau hundert Epigramme. Die Zahl 100 gehört neben der Fünfzig und deren Vielfachen zu den Zahlen, die, auf die hundertfünfzig Psalmen in der Bibel zurückgehend, in der barocken Dichtung für Zyklen charakteristisch sind. Zu einem Zyklus von hundert Gedichten schließen sich die 65 Sonntags- und 35 Festtagssonette von Gryphius' 1639 erschienenen „Sonn- und Feiertagssonet-ten" zusammen. In einer zweiten Fassung ließ er diese dann 1657 als drittes und viertes Buch eines Gedichtbandes erscheinen, dessen zwei erste Bücher aus je fünfzig Sonetten bestehen, zusammen also wieder eine Einheit von hundert Ge-dichten bilden. Auch bei Catharina Regina von Greiffenberg spielen die Zahlen 50 und 100 eine Rolle. Ihre 250 geistlichen Sonette gliedern sich in zweimal hun-dert Gedichte und eine Zugabe von weiteren fünfzig Sonetten, und „Der teut-schen Uranie himmelabstammend- und himmelaufflammender Kunstgesang" besteht aus „funfzig Liedern, untermischt mit allerhand Kunstgedanken". Ja-cob Baldes „Poema de vanitate mundi" ist in seiner ursprünglichen Form ein hundertstrophiges Gedicht, und auch in der späteren, erweiterten Fassung wird die Hundert als Kompositionsprinzip beibehalten. Ein 1631 erschienener So-nettzyklus Diederichs von dem Werder trägt den Titel „Krieg und Sieg Christi, gesungen in 100 Sonetten". Ebenfalls hundert Gedichte umfassen Gottfried Ar-nolds „Poetische Lob- und Liebessprüche von der ewigen Weisheit", und schließlich sind aus Czepkos unmittelbarer Nähe Tscheschs zwölfhundert latei-nische Epigramme hier nochmals zu erwähnen. Auch als Produkt aus zehn mal zehn verstanden, ist die Hundert eine bedeutungsvolle Zahl. Scheffler zum Bei-spiel deutet die Zehn als Einheit von eins und null, des Einen und des Nichts, d. h. Gottes und der Kreatur, und nennt sie die „geheime Kronenzahl" (Ch. W. V 8). Als Summe von sieben und drei weist die Zehn einerseits auf die Schöp-fung, andererseits auf die Trinität hin[108].

Die Hundert, als runde Zahl von jeher beziehungsreich, ist von Czepko, des-sen analogischem Denken die kabbalistische Deutung von Zahlenverhältnissen vertraut ist, wie die Zahl 6 sicher bedeutungsvoll gemeint. Innerhalb des Zyklus der sechs Bücher stellen je hundert Epigramme selbst wieder einen solchen Zy-klus, eine in sich geschlossene Einheit dar. „Zyklus" ist dabei in der wörtlichen Bedeutung des Begriffes als „Kreis" zu verstehen. Diese Bedeutung der zykli-schen Form kommt in der Rückbeziehung des letzten der sechshundert Epi-gramme auf das erste augenfällig zum Ausdruck. Beide Epigramme sprechen von der paradoxen Einheit von Anfang und Ende und formulieren diese in chia-

---

[108] Vgl. E. R. Curtius, Europäische Literatur und lateinisches Mittelalter (2. Aufl. 1954): S. 491–499 „Zahlenkomposition"

stisch gebauten Überschriften, die in spiegelbildlicher Symmetrie aufeinander bezogen sind:

Anfang   Ende   Ende   Anfang
    im   im
Ende   Anfang (I 1)   Anfang   Ende (VI 100)

Diese Chiasmen meinen das Ende des mystischen Weges, das nach der neuplatonischen Vorstellung von der Schöpfung zugleich der Anfang, nämlich der Anfang alles Seienden, ist. Durch die Anfangs- und Schlußstellung der beiden Epigramme ist aber auch der Bezug zum konkreten Anfang und Ende der „Monodisticha" gegeben. Die beiden aufeinander bezogenen Überschriften sind auch als Ausdruck der zyklisch in sich geschlossenen Form des Werkes zu lesen, diese aber als Analogon der ewigen Kreisbewegung alles Seienden, der neuplatonischen goldenen Kette.

Eine weitere zyklische Einheit innerhalb des großen Zyklus von sechsmal hundert Epigrammen bildet das einzelne Monodistichon. Czepko nennt seine Epigramme wie später auch Scheffler „Schlußreime"[109], doch im Gegensatz zu denen des „Cherubinischen Wandersmannes", die häufig vier oder sechs, in Einzelfällen auch mehr Zeilen umfassen oder sich sogar zu Sonetten erweitern, sind Czepkos Schlußreime durchgehend zweizeilige Alexandrinerepigramme. Es ist diese Form, die ihnen den Namen „Monodisticha" gibt. Als Verspaare sind sie zwar Distichen, doch im Unterschied zum antiken Distichon bestehen sie aus identischen Versen. Im „Deutschen Phaleucus" werden die Epigramme deshalb auch als „Zweireim" bezeichnet (GS 208). Der Begriff „Schlußreim" ist abgeleitet von „Schluß" im Sinne des logischen Schließens und bezeichnet Epigramme, die sich durch geistreiche oder scharfsinnige Gedankenverbindung auszeichnen. In dieser Bedeutung braucht Scheffler den Begriff, wenn er die Epigramme des „Cherubinischen Wandersmannes" „geistreiche Sinn- und Schlußreime" nennt, und auch Czepko spielt auf diese Bedeutung des Schlußreimes an, wenn er im „Deutschen Phaleucus" von der Nützlichkeit der „Monodisticha" für die Vertreter aller Wissensgebiete spricht und sie dabei dem Mathematiker oder „Rechmeister" mit den Worten empfiehlt:

Mag der Rechmeister auch die Schlüsse zählen:
Wer die Reitung der Welt wie sie will schließen,
Muß auch ihr Einmaleins im Geiste wissen. (GS 207)

---

[109] GS 201, GS 206; vgl. auch die beiden Geleitgedichte Franckenbergs zu den „Monodisticha" GS 218f.

Das „die" in „die Schlüsse" ist demonstrativ zu verstehen und bezieht sich auf die „Monodisticha" oder Schlußreime, die hier mit dem Ausdruck „die Reitung schließen", d. h. die Rechnung aufgehen lassen, in Zusammenhang gebracht werden.

In bezug auf die besondere Form des Monodistichons nimmt aber der Begriff des Schlußreims darüber hinaus noch eine andere, differenziertere Bedeutung an, worauf einige Monodistichen des sechsten Buches hinweisen. Reim und Schlußreim werden hier zur Schöpfungsordnung in Beziehung gesetzt:

> Schöpfung
> Was ist die Schöpfung? Nichts als ein geschlossner Reim,
> Der klingt, der Gott sein Wort schallt gleichlauts wieder heim.
> (VI 10)

> Schlußreim
> Mensch, Seel und Leib trifft als ein Schlußreim überein.
> O, wohl gereimt, wann sie im Wesen einig sein. (VI 12)

> Einstimmen
> O Mensch, das Unterst und das Oberst ist ein Reim.
> Das Wesen spricht, den Schall schickt der Entwurf ihm heim.
> (VI 29)

Diese drei Epigramme[110] sprechen alle von der wesenhaften Einheit der als Wurf und Gegenwurf zusammengehörigen Gegensätze – für „Gegenwurf" erscheint hier der Begriff „Entwurf" – oder, was damit identisch ist, von der Rückkehr des Kreatürlichen in den Ursprung, womit der Kreis der goldenen Kette geschlossen ist. Wenn Czepko diese Einheit mit dem Reim und im besonderen mit dem Schlußreim vergleicht, so ist das nur die konsequente Weiterführung der Metaphorik, die von der Vorstellung von dem in der Schöpfung gestaltgewordenen Wort Gottes ausgeht. Als Sprechen Gottes und als Zurückschallen erscheinen auch hier die beiden Hälften des ewigen Kreislaufes der Schöpfung. „Reim" und „Schlußreim" sind zwar metaphorisch gebraucht, doch da es sich bei einer Metaphorik, die von so geheiligten Vorstellungen wie dem Wort und dem Sprechen Gottes abgeleitet ist, um mehr als bloße Vergleiche handelt und zudem in der relativ unmetaphorischen Sprache der „Monodisticha" die wenigen Metaphern bewußt und in Analogie zu der von ihnen bezeichneten Sache ge-

[110] Weitere Monodistichen zu diesem Thema: VI 11, 99; vgl. auch III 12; IV 98.

setzt sind, so können diese Epigramme als indirekter Hinweis auf die Bedeutung, die Czepko dem Reim und im besonderen der Form seiner Schlußreime beigelegt hat, gelesen werden. Wenn die Einheit von Seele und Leib mit einem Schlußreim verglichen werden kann, so weist umgekehrt die Form des Schlußreims auf eine solche wesenhafte Einheit hin. In der Zweiteiligkeit von Czepkos Schlußreimen ist das Prinzip von Wurf und Gegenwurf, nach dem sich das Seiende aus dem göttlichen Einen ausfaltet, nachgebildet. Die gleichzeitige Einheit der Gegensätze aber findet ihre formale Entsprechung einerseits im identischen Metrum der beiden Verse, andererseits im Reim, der den zweiten Vers mit dem ersten verbindet und so den Kreis schließt. Der Reim als Analogon dieser wesenhaften Einheit oder des Zurücklaufens in den Anfang ist deshalb im besonderen ein „geschlossener Reim". Der Begriff des Schlußreims nimmt in diesem Zusammenhang eine Bedeutung an, die über die allgemeine des logischen Schließens hinausgeht. „Schlußreim" ist auch im wörtlichen Sinn als „geschlossener Reim", als Nachbildung der goldenen Kette zu verstehen. Als indirekter Hinweis auf diese Bedeutung der Form des zweizeiligen, gereimten Alexandrinerepigramms ist schließlich auch der Name „Monodisticha" zu verstehen. Die paradoxe Vereinigung von „Mono" und „di" im einen Ausdruck meint genau diese wesenhafte Einheit der Gegensätze, die Einheit in der Zweiheit.

Nachdem sich die äußere Form des Monodistichons bis in Einzelheiten hinein als bedeutend erwiesen hat, darf man vielleicht noch einen Schritt weitergehen und nicht erst das zweizeilige Monodistichon, sondern schon den einzelnen Alexandriner mit seiner Gliederung in zwei Halbverse als Ausdruck der Einheit in der Zweiheit betrachten. Möglicherweise sind sogar Überschrift und Epigramm zusammen nochmals als eine solche gegensätzliche Einheit zu verstehen.

Wie in Czepkos weltlicher Epigrammatik erscheint auch hier, in bezug auf die einzelnen Monodistichen, die Buchmetapher (vgl. S. 58). Durch die kosmische Bedeutung der Form des Monodistichons wird aber diese Metapher im Unterschied zur weltlichen Dichtung hier in einen direkt einsehbaren Sinnzusammenhang gestellt. Das einzelne Epigramm ist zwar nur ein Glied innerhalb der übergreifenden Ordnung von sechsmal hundert Epigrammen, doch als Nachbildung der goldenen Kette umfaßt es in analogischer Weise die ganze Schöpfung. Wie diese ist es ein Buch, aus dem die ewige Ordnung Gottes herausgelesen werden kann. Czepko führt diese Buchmetapher in der ersten Klingel folgendermaßen aus:

> Hundert Bücher, hundert Leben
> Trag ich, lieber Leser, dir

In den hundert Reimen für,
Willt du darauf Achtung geben.

Bücher: nach dem Ende streben
Ist den Anfang suchen hier.
Leben: eitel Wonn und Zier
Wird um dein Verständnis schweben. (GS 219f.)

Es sind Bücher, insofern als das einzelne Epigramm den Leser wie ein Buch, das man von vorne zu lesen beginnt, um zum Schluß zu kommen, zum „Ende" führt. Dieses Ende ist aber das Ende der Schöpfung, das mit dem Ursprung zusammenfällt und das Ziel des mystischen Weges ist. Jedes Epigramm ist gleichsam ein Mikrokosmos und enthält im kleinen das Ganze. Es führt deshalb, wie ein Buch, zum „Ende"[111]. – Nebenbei sei noch darauf hingewiesen, daß auch hier das Erreichen dieses Zieles abhängig gemacht wird von der Bedingung des richtigen Lesens. Die Epigramme werden nur als „Bücher" bzw. „Leben" verstanden unter der Bedingung „Willt du darauf Achtung geben".

Als Mikrokosmos ist das einzelne Epigramm ein in sich geschlossenes Ganzes, doch wie der Mikrokosmos zugleich immer auch Teil des Makrokosmos ist, so steht das einzelne Epigramm selbst wieder innerhalb der größeren Einheit von hundert Epigrammen – die Bezeichnung dieser Einheit als „Buch" ist dabei wohl nicht zufällig – und diese schließlich ihrerseits wieder innerhalb des Zyklus der sechs Bücher. Der Bezug des einzelnen Epigramms zu seinem Kontext, in einem früheren Abschnitt verstanden als Ausdruck des Sprachproblems einerseits und der Lehre von der Erkenntnis einer Sache aus ihrem Gegenteil andererseits, nimmt hier nun zusätzlich noch eine kosmische Bedeutung an. Das einzelne Epigramm ist Teil einer hierarchisch gegliederten Ordnung, die, vielleicht schon bei den beiden Halbversen des Alexandriners beginnend, vom einzelnen Monodistichen über die nächstgrößere Einheit aus Überschrift und Epigramm zu den hundert Epigrammen eines Buches und von dieser schließlich zu der übergreifenden Ordnung der sechs Bücher führt, die ein Analogon der in sechs Tagen entstandenen Schöpfung ist.

Dieser imposante Aufbau bleibt aber zu einem guten Teil äußerlich. Längst nicht bei allen Monodistichen entspricht der antithetischen Bezogenheit der beiden Alexandriner auch ein antithetischer Inhalt oder Satzbau. Der Reim weist nur in verschwindend wenigen Fällen auf eine echte Beziehung zwischen den

---

[111] Zur Buchmetaphorik vgl. auch E. R. Curtius, Europäische Literatur und lateinisches Mittelalter (2. Aufl. 1954): Kap. 16 „Das Buch als Symbol" (S. 306–352).

beiden Reimwörtern hin (vgl. S. 86 f.). Eine Entwicklung auf das Ziel der mystischen Vereinigung hin, wie sie die Klingeln vorgeben, läßt sich im Inhalt der Epigramme kaum nachvollziehen. Vielleicht ist bis zu einem gewissen Grad eine Parallelisierung mit den heilsgeschichtlichen Ereignissen angestrebt, indem nämlich Epigramme, die den Fall des Menschen zum Thema haben, in den ersten Büchern häufiger sind, während solche über das jüngste Gericht erst in der zweiten Hälfte des Zyklus, vor allem dann am Ende des sechsten Buches, zu finden sind. Systematisch ist aber diese Parallelisierung sicher nicht durchgeführt. – Trotz solcher Einschränkungen bleibt aber der bewußte und durchdachte Aufbau von großer Bedeutung für das Gesamtbild der ,,Monodisticha", denn es zeigt sich auch hier wieder, was sich schon im Zusammenhang mit anderen Aspekten des Werkes beobachten ließ: Es ist der entschiedene Wille zur bedeutsamen Form, der den ,,Monodisticha" ihre charakteristische Gestalt gibt. Davon soll nun zusammenfassend im nächsten Kapitel noch etwas ausführlicher die Rede sein.

8. Zusammenfassung und Wertung

Durch die Besprechung einiger grundlegender Aspekte der ,,Monodisticha" dürfte nun deutlich geworden sein, was in bezug auf diese Dichtung unter den beiden Erkenntnisarten, von denen der ,,Deutsche Phaleucus" spricht, zu verstehen ist. Das ,,zugleich umschließen . . . zugleich genießen", das nach der Aussage des ,,Deutschen Phaleucus" die ,,Monodisticha" über andere Schriften erhebt, besteht in einem ,,wesentlichen", nicht ,,bildlichen" Sprechen. Im ganzen Werk offenbart sich immer wieder der Wille, nicht nur in Worten auf eine Sache hinzuweisen, sie in begrifflicher oder ,,bildlicher" Weise zu vermitteln, sondern in den Worten die Sache selbst erstehen zu lassen.

Czepko arbeitet zwar mit Formen und Stilmitteln, die auch in der weltlichen Dichtung geläufig sind, doch was dort nur noch äußere, zu einem guten Teil sinnentleerte Form ist, wird hier, im geistlichen Zusammenhang, mit neuer Bedeutung erfüllt. Im ,,Deutschen Phaleucus" verwendet Czepko noch den Topos von den Epigrammen als lose zusammenhängenden Gedanken und Einfällen, die auch entsprechend unverbindlich zu genießen sind. Doch wie weit haben sich in Wirklichkeit die ,,Monodisticha" selbst von diesem Topos entfernt! Das einzelne Epigramm ist zwar auch hier noch ein Gedankensplitter, aber als Splitter des Ganzen ist jeder Zweizeiler ein Kosmos im kleinen, der zugleich in einem lebendigen Bezug zu seiner Umgebung steht. Zu Zyklen faßt Czepko auch seine weltlichen Gedichte zusammen. Die ,,Satyrischen Gedichte" sind sogar genau wie die ,,Monodisticha" in sechs Bücher gegliedert. Erst hier wird aber ein eigentlicher Sinn sowohl der zyklischen Form als auch der Gliederung in sechs Bücher direkt ersichtlich. Dasselbe gilt auch von den einzelnen Stilfiguren; es sei hier nur noch einmal an die Form des Chiasmus erinnert, der im Zusammenhang der ,,Monodisticha" zum Analogon des Kreislaufes der Schöpfung wird. – Hinter allem steht das Bestreben, literarische Form mit Bedeutung zu erfüllen, die äußere Gestalt der Dichtung selbst zum bedeutungsvollen Zeichen werden zu lassen. Es ist dabei kein Widerspruch, wenn Czepko, im Bestreben, eine ,,wesentliche" Sprache zu sprechen, Metaphern möglichst vermeidet, der äußeren Form aber hinweisende Funktion zuweist. Die bedeutungsvolle Form ist eben nicht als Abbild einer Sache zu verstehen, sondern sie ist, in analogischer Weise, diese Sache selbst.

Die hinweisende Funktion der sprachlichen Gestalt hängt direkt zusammen mit dem Analogiedenken, das sich in Czepkos Prosaschriften als ein Grundzug seines Denkens erwies. Aufgrund der Überzeugung, daß das Untere dem Oberen, das Äußere dem Innern gleich sei, kann auch die äußere Form der Dichtung zum Analogon von etwas Höherem werden. Das Denken nicht in kausalen Zusammenhängen, sondern analogischen Entsprechungen erlebte im Zeitalter des Barock einen letzten Höhepunkt. Das barocke Weltbild ist noch weitgehend bestimmt von der Vorstellung einer hierarchisch geordneten Welt, deren Grundgesetze sich in allen Bereichen des Lebens in analogischer Weise wiederholen, in Gesellschaft, Staat, Kirche oder Wissenschaft wie auch in der Kunst, die als Analogon des allgemeinen Ordo diesen mit ihren Mitteln widerzuspiegeln hat. In diesem Sinn, als ein Werk, das in besonders ausgeprägter Weise Grundtendenzen seines Zeitalters verwirklicht, können die ,,Monodisticha" schließlich auch als eine eminent barocke Dichtung angesprochen werden[112].

Daß die Formidee, die den ,,Monodisticha" zugrunde liegt, oft nur äußerlich bleibt und nicht immer in einem entsprechenden Inhalt verwirklicht wird – was sie vielleicht auch gar nicht soll –, wurde schon im Zusammenhang mit dem Aufbau der Dichtung erwähnt. Überdies stehen neben den wegen ihres hinweisenden Charakters angeführten Aspekten noch viele weitere stilistische Eigenheiten, die den Gesamteindruck der ,,Monodisticha" wesentlich mitbestimmen, die aber kaum bedeutungstragend oder mindestens sehr schwer auf einen bestimmten Sinn hin zu deuten sind. Hat beispielsweise der oft durch Einschübe und Nachträge gestaute Satzbau, hat die Zerstückelung eines Verses in einzelne

[112] Zum barocken Weltbild vgl. Binder, Skriptum S. 39–49.

Wörter oder Wortgruppen einen bestimmten Sinn? Welche Aufgabe erfüllt die häufige Gliederung eines Gedankens in Frage und Antwort, außer daß sie die Sprache der „Monodisticha" lebendig, rhetorisch eindringlich werden läßt und so vielleicht die Metaphernarmut kompensiert? Zudem sind es oft gerade die bewußt konstruierten Epigramme, die vom ästhetischen Standpunkt aus weniger zu befriedigen vermögen, was zum Beispiel für das folgende Monodistichon gilt:

> Gold und Gott
> Wie du kriegst, suchst du durch der Erden Innres, Brot,
> So kriegst du, suchst du durch des Herzens Innres, Gott. (VI 70)

Durch den streng parallelen Bau der beiden Verse kommen die zusammengehörigen Begriffe jeweils genau an die entsprechende Stelle zu stehen. Der Reim weist auf eine echte Analogie hin, die durch die Paronomasie in der Überschrift noch erweitert wird zu der Analogiereihe Gott – Gold – Brot, und durch die Verteilung des wie-so-Vergleiches auf die beiden Alexandriner wird die Formidee des Monodistichons voll erfüllt. Doch wie holprig und unbeholfen, in metrischer und syntaktischer Hinsicht, tönen diese Verse! Im Zusammenhang mit religiöser Dichtung können aber gerade solche technischen Mängel zu einem Ausdrucksmittel eigener Kraft werden. Es offenbart sich darin der Wille, die Dichtung in den Dienst der Sache zu stellen selbst auf Kosten der sprachlichen Vollendung. Es geht Czepko nicht darum, eine gefällige Sprache zu sprechen, sondern eine richtige oder „wesentliche" Sprache, die der Sache gerecht wird. Wenn uns dabei auch manches gekünstelt oder gesucht anmuten mag, so spricht uns doch die Ernsthaftigkeit, mit der hier um den sprachlichen Ausdruck gerungen wird, menschlich an, vielleicht mehr als die technisch vollendeten Verse des „Cherubinischen Wandersmannes". Der Wille zur bedeutsamen Form, der in den „Monodisticha" so stark ist und zu einem guten Teil der Grund für ihre oft mühsam oder künstlich wirkende Sprache ist, scheint mir überhaupt ein Hauptpunkt zu sein, in dem sich die „Monodisticha" von Schefflers so viel berühmterer Dichtung unterscheiden. Was bei Czepko hinweisende Funktion hat, wird bei ihm zur literarisch verfügbaren Form, die ihre Bedeutsamkeit weitgehend eingebüßt hat. Vielleicht ist es gerade dieser mangelnde Sinn für den hinweisenden Charakter der Sprache, der die glatte, geschliffene Sprache des „Cherubinischen Wandersmannes" überhaupt erst möglich macht.

Mit dem entschiedenen Willen, die Dichtung in den Dienst der Sache zu stellen, geht als weiterer Wesenszug der „Monodisticha" die demütige Haltung einher, die Czepko bei allem Sprechen über Gott und göttliche Dinge immer bewahrt. Sie findet ihren unmittelbaren Ausdruck in jenen im Kapitel über das „bildliche" und „wesentliche" Sprechen zitierten Äußerungen Czepkos, die von der Unzulänglichkeit und Vermessenheit jeglicher positiv setzenden Aussage über Gott sprechen. Diese Überzeugung ist wohl der entscheidende Grund für die auffallend seltenen direkten Aussagen über Gott in den „Monodisticha". Viel mehr als mit dem Wesen Gottes befaßt sich diese Dichtung mit dem Menschen und seinem Heil. Die Demut vor dem Höchsten äußert sich auch in feinen sprachlichen Differenzierungen, mit denen Czepko, im Gegensatz zu Scheffler, der es liebt, Gott und Mensch einander wenigstens sprachlich gleichzusetzen, auf das unterschiedliche Verhältnis zwischen Schöpfer und Geschöpf hinweist. Diese Erscheinung mögen zwei Verse illustrieren, von denen der eine von einem gegenseitigen Abhängigkeitsverhältnis von Gott und Mensch, der andere von der Angleichung des Menschen an Gott spricht:

> Du kannst es nicht ohn Gott, Gott will es nicht ohn dich. (I 25)
> Wer es beherrscht, ist Gott. Gott, oder ja Gott gleich. (VI 1)

Ein solches behutsames, demütiges Sprechen von Gott ist nichts anderes als der Ausdruck des Sprachproblems, das allem Sprechen über Gott und göttliche Dinge innewohnt. Dieses Sprachproblem stellt auch einen wesentlichen Faktor in der Konzeption der „Monodisticha" überhaupt dar. Es ist nicht nur beteiligt an der relativierenden Funktion, die dem Kontext zugewiesen wird, oder an der Bedingung des „wesentlichen" Lesens, von dem das richtige Verständnis der Dichtung abhängig gemacht wird, sondern auch am Prinzip des „wesentlichen" Sprechens selbst, das als direkte Antwort auf das Sprachproblem verstanden werden kann. Indem im Sprechen die Sache selbst gegenwärtig gemacht wird, schließen sich die Lücken der notwendigerweise mangelhaften begrifflichen Aussage. Diese Vergegenwärtigung aber ist schließlich identisch mit der dichterischen Form.

Im ersten Teil dieser Arbeit wurde Czepko zuerst als Mystiker – der Begriff ist im weiteren Sinn der dort gegebenen Definition (vgl. S. 27) zu verstehen –, dann als Dichter vorgestellt. In den „Monodisticha" nun sind diese beiden Seiten von Czepkos Wesen gleichzeitig am Werk, und das Resultat ihres Zusammenwirkens ist eine enge Verflechtung von Denken und dichterischer Gestaltung. Es wird nicht einfach der Stoff der Prosaschriften in Verse gegossen, sondern wesentliche Grundzüge von Czepkos Denken haben ihre direkten dichterischen Konsequenzen. Das dichterische Gegenstück des Analogiedenkens und der auf diesem beruhenden kabbalistischen Bestrebungen ist in dem zeichenhaften Charakter der Sprache und der äußeren Form zu suchen; die Erkenntnislehre und deren mystische Implikationen finden ihre Entsprechung einerseits in der Relativierung des einzelnen Epigramms durch den Kontext, andererseits im Prinzip des „wesentlichen" Lesens, das eine Angleichung an die zu erkennende Sache ist und im Zusammenhang mit der Erkenntnis Gottes schließlich zum mystischen Weg wird. Durch eine solche bewußte Koordinierung von Dichten und Denken, deren theoretische Grundlage das „wesentliche" Sprechen ist, wird die dichterische Form selbst funktionalisiert. Sie wird zum religiös relevanten Zeichen und so schließlich selbst zum Ziel religiöser Meditation. Damit leisten die „Monodisticha" einen wichtigen Beitrag nicht nur zum Problem von Mystik und Sprache, sondern zum Problem von Frömmigkeit und Dichtung überhaupt.

Lösen wir uns zum Schluß noch etwas von Czepkos Begrifflichkeit und Denkvorstellungen, so zeigt sich, daß das „wesentliche" Sprechen, das in den „Monodisticha" bewußt zum Prinzip erhoben und mit religiöser Bedeutung erfüllt wird, im Grunde ein Wesensmerkmal dichterischen Sprechens überhaupt ist. Die Begriffe „beschauen" – „umschließen", „erglauben" – „genießen", die im „Deutschen Phaleucus" einander antithetisch entgegengesetzt sind, lassen sich über den religiösen Kontext hinaus auf den Urgegensatz des Denkens überhaupt, auf das dialektische Verhältnis von Haben und Sein, beziehen. Im Leben haben wir, Gedanken habend, das Sein, das wir besitzen wollen, nicht mehr. In der Dichtung jedoch ist dieser Gegensatz aufgehoben. In der Dichtung ist der Gedanke die Sache selbst, und wir sind, was wir im Leben nicht sind, denkend beim Sein. Vereinfacht ausgedrückt: Es gibt in der Dichtung keine Trennung zwischen dem Problem und dessen dichterischer Gestaltung, zwischen Inhalt und Form. Sie bilden eine unzertrennliche Einheit, deren Auflösung nur eine künstliche Hilfskonstruktion unseres diskursiven Denkens ist[113]. – Diese Aufhebung des Gegensatzes von Haben und Sein in der Dichtung erscheint bei Czepko als die gleichzeitige Vermittlung der beiden Erkenntnisarten, angestrebt im Prinzip des „wesentlichen" Sprechens und begrifflich gefaßt in jenen zentralen Versen des „Deutschen Phaleucus", die in diesem Zusammenhang nochmals im Wortlaut in Erinnerung gerufen seien:

> Das wird wohl beschaut und zugleich umschlossen,
> Das wird wohl erglaubt und zugleich genossen. (GS 209)

---

[113] Zu dieser Wesensbestimmung der Dichtung vgl. Binder, Literatur als Denkschule S. 316f.

Die konsequente Verfolgung dieses Prinzips in einer bewußt angestrebten, wenn auch nicht immer erreichten Einheit von Inhalt und Form scheint mir das zu sein, was als Gemeinsames die vielfältigen stilistischen Merkmale der „Monodisticha" verbindet und zur Hauptsache für den eigentümlichen Reiz wie für den besonderen Wert dieser Dichtung verantwortlich ist.

Die „Sexcenta Monodisticha Sapientum" sind Czepkos interessanteste und wohl auch repräsentativste geistliche Dichtung. Der zweite Teil dieser Arbeit war deshalb hauptsächlich diesem Werk gewidmet. Das Bild Daniel Czepkos als eines geistlichen Dichters bliebe aber unvollständig, wenn seine übrige geistliche Versdichtung nicht wenigstens in einem Überblick zur Sprache käme. In einem letzten Kapitel wird nun noch zu fragen sein, wie weit die erarbeiteten Kriterien auch außerhalb der „Monodisticha" Gültigkeit haben und wo schließlich die Einheit von Czepkos geistlichem Dichten zu suchen ist.

9. Ausblick auf die übrige geistliche Versdichtung

Mehr als in anderen Dichtungen Czepkos spielt in der „Gegenlage der Eitelkeit" die Metaphorik eine Rolle[114]. Es ist vor allem die konventionelle Vergänglichkeitsmetaphorik, die hier verarbeitet wird. Das Treiben der Welt erscheint als Rauch, Wind, Traum, Dampf, Dunst, Sand usw., wobei diese Metaphern nicht nur einzeln, sondern auch zu Reihen gehäuft erscheinen können: „Die Erd ist Welt, ist Wind, ist Sand, ist Sturm" (I). Vergleichs- und Beispielketten sind geradezu ein bestimmendes Stilmerkmal der „Gegenlage". Nach dem bekannten Konklussionsschema verfahren dabei einige Gedichte, die in den Schlußversen die im Gedicht gebrauchten Metaphern zusammenfassend wiederholen (XV, XXIV). Im Gedicht XV geht mit diesem Schema noch eine fortschreitende Steigerung der aneinandergereihten metaphorischen Bildungen einher. Nicht reihend verfährt das Gedicht „Das Leben ein Schauspiel" (XVIII); die Schauspielmetapher wird hier vielmehr in allegorischer Weise durch das ganze Gedicht fortgeführt. Ebenso baut die Metaphorik der Sestine XI konsequent auf der einen Metapher von der Welt als einem „ungestümen Meer" auf.

In allen diesen Punkten bleiben die Gedichte der „Gegenlage" im Rahmen des Konventionellen und sind nicht von andern regel- und mustergerechten Gedichten der Barockzeit zu unterscheiden. Es finden sich aber in der „Gegenlage" neben dem Konventionellen durchaus Ansätze zu unverkennbar Eigenem. Das

[114] Vgl. auch Ruth Müller S. 77.

Gedicht VIII richtet sich „An den Frühling" und ist mit dem Sinnspruch „Von dem Äußern zum Innern" überschrieben. Frühlingstopoi werden zu einer Beispielkette aneinandergereiht und nach dem Konklusionsschema abschließend nochmals wiederholt, doch indem die äußern Vorgänge mit den innern, der Frühling in der Natur mit der „Seelen Lenz", in Verbindung gebracht werden, nimmt die rhetorische Häufung von Beispielen auf einmal hinweisende, analogische Bedeutung an. – Das fünfte Gedicht beginnt in der üblichen Manier von der Vanitas des Welttreibens zu sprechen:

> Die Ehre, die du suchst, ist Rauch, die Kunst ist Wind,
> Und die Begier ist Glut, die dich so sehr entzündt.

In den folgenden Strophen werden aber zwischen diesen Begriffen Beziehungen hergestellt, die die Vergänglichkeitsmetaphern auf einmal bedeutend werden lassen. Solange Ehre, Kunst, Begier draußen in der Welt gesucht werden, sind sie ein Nichts, bezogen auf das Innere des Menschen aber nehmen sie eine veränderte Bedeutung an und damit auch die parallelen Begriffe Rauch, Wind, Glut. Die Glut wird mit dem Glauben, der Wind mit Geist und Liebe und der Rauch, wegen seiner aufsteigenden Bewegung, mit dem Gebet und der Hoffnung in Verbindung gebracht. Durch den Bezug zu Glaube, Liebe, Hoffnung erweist sich nun auch die Dreizahl der am Anfang als Vergänglichkeitsmetaphern erscheinenden Begriffe als bedeutend. Was Ehre, Kunst und Begier im geistlichen Sinn sind, machen schließlich die beiden Schlußverse des Gedichts klar:

> Die Kunst ist einig sein, die Ehr ist Gott erkennen,
> Begier, in Ewigkeit in seiner Liebe brennen.

Die doppelte Bedeutung der Metaphern Rauch, Wind, Glut, die das eine Mal für die Vergänglichkeit, das andere Mal für geistliche Größen stehen, hat ihre theoretische Grundlage in den zwei Aspekten, die allen Dingen eigen sind, je nachdem ob sie ihrem Wesen nach, in der Einheit mit Gott, oder von Gott losgelöst als „Zufall" betrachtet werden (vgl. S. 34)[115]. – Solche Ansätze zu einem präzisen, bedeutungsvollen Sprechen lassen sich auch in anderen Gedichten der

---

[115] Auch Ruth Müller mißt dem fünften Gedicht der „Gegenlage", das sie als einziges dieses Zyklus ausführlicher bespricht, einige Bedeutung bei, da es durch sein „kombinatorisches Spiel mit wenigen metaphorischen Begriffen" Ausdruck des Czepko eigenen dichterischen Gestaltungswillens sei. (S. 77).

„Gegenlage" feststellen. Im Gedicht XIV wird mit den gegensätzlich zusammengehörigen Begriffen Gott – Seele, Seele – Leib, Leib – Schatten in ähnlicher Weise operiert wie im vorhin besprochenen Gedicht V. Vor allem ist aber in diesem Zusammenhang noch das zwölfte Gedicht mit der Überschrift „Aus dem Leibe die Seele und aus der Seelen Gott" zu erwähnen, dessen Beziehungsreichtum durch den Aufsatz von Alois Haas eine eingehende Deutung erfahren hat. Diese eigenständigen, über das Konventionelle hinausgehenden Versuche sind manchmal in fast pedantischer Weise konstruiert und wirken zum Teil merkwürdig umständlich und verschlungen, doch als Ansatz zu dem Czepko eigentümlichen bedeutsamen Sprechen, das dann in den „Monodisticha" zum Prinzip erhoben wird, sind uns gerade diese Stücke besonders wertvoll. – Der Grundgedanke des Zyklus, ausgedrückt im Titel „Gegenlage der Eitelkeit", ist der auch für die „Monodisticha" so bedeutende Erkenntnisgrundsatz, daß eine Sache nur aus ihrem Gegenteil erkannt werden könne (vgl. Kap. II 5 und S. 35). Nur aus der Eitelkeit der Welt kann ich ihr Gegenteil oder ihre „Gegenlage", die Wahrheit, erkennen. Das Motto zu dem Zyklus heißt deshalb „Von der Eitelkeit zur Wahrheit" (GS 11). Zu dieser Wahrheit soll hier der Leser geführt werden durch die Darstellung ihres Gegenteils, der Nichtigkeit und Vergänglichkeit des Irdischen, die das zentrale Thema der Gedichte bilden.

Der andere frühe Zyklus geistlicher Lyrik, „Das inwendige Himmelreich oder in sich gesammlete Gemüte", bildet das thematische Gegenstück zur „Gegenlage der Eitelkeit". Diese Gedichte sprechen nun nicht mehr von der Welt und ihrer Eitelkeit, sondern wenden sich ausschließlich dem zu, was in der „Gegenlage" nur per contrarium erscheint: der göttlichen Wahrheit. Das „Inwendige Himmelreich" entfernt sich dabei stärker von konventionellen Mustern der weltlichen Dichtung, von denen die „Gegenlage" noch weitgehend bestimmt ist, und steht den „Monodisticha" in verschiedenen Beziehungen schon recht nahe. Der Titel des Zyklus kündigt das zentrale Thema der Gedichte an: Es ist jene Wendung nach innen, die für Czepko in der Zeit der Entstehung des „Inwendigen Himmelreichs" zum bestimmenden Erlebnis wurde (vgl. S. 17f.). „Geh in dich! Halt an!" ruft Czepko dem Menschen zu (VI, IX) und fordert ihn unermüdlich zur Ruhe und zum Rückzug ins eigene Innere auf, was, als „Nosce te ipsum" gedeutet (XV), als Schlüssel zum wahren Verständnis Gottes und der Welt erscheint. Das Paradox vom Sterben vor dem Tod, das Czepkos ganzes geistliches Werk durchzieht, ist auch hier bedeutend (II, XIX), und wie später in den „Monodisticha" heißt es hier schon: „Dieses ist der jüngste Tag" (XII, vgl. auch XIX), womit die Notwendigkeit der Erlösung hier und jetzt gemeint ist[116].

[116] „Monodisticha" I 39; II 18, 99; V 92; VI 14 u. a.

Das Motiv des Steigens und Sich-Hinaufschwingens, das im Zentrum der Klingel zum dritten Buch der „Monodisticha" steht, erscheint auch hier (III, X, XXIII), im zehnten Gedicht sogar schon verbunden mit dem Begriff des Frei-Seins. Der Satz vom Erkennen aus dem Gegenteil, der in den „Monodisticha" grundlegende Bedeutung erlangt, bildet das Thema des Gedichts XXI, und selbst das Prinzip des „wesentlichen" Lesens als Voraussetzung für ein richtiges Verständnis der Gedichte ist schon im „Inwendigen Himmelreich" angedeutet:

> Verstehst du es? Wohl gut.
> Nicht? Sei es außer Hut.
> Nacht ist der Eulen Sonne,
> Tag ist der Adler Wonne. XVI (vgl. auch III)

Im Gegensatz zur „Gegenlage" sind die Gedichte des „Inwendigen Himmelreichs" durchweg kurz gehalten, was diesen Zyklus auch rein äußerlich den „Monodisticha" näher rückt. Äußeres Zeichen einer Wandlung ist auch das Fallenlassen der eigentlich epigrammatischen Überschrift, die die Bestimmung des Gedichts angibt; wie in den „Monodisticha" wird nur noch der Sinnspruch als Titel beibehalten: Das Epigramm ist zum religiösen Sinngedicht geworden. Mit dieser Wandlung geht eine Sprache einher, die schlichter ist als diejenige der „Gegenlage", zurückhaltender auch in der Metaphorik. Metaphernreihen und Beispielketten verschwinden ganz. Es zeigt sich vielmehr hier schon die Tendenz zu abstrakten Bildungen, wie „das Ganze", „das Weite", „das Vergangene" (I, X). Diese gegenüber der „Gegenlage" veränderte Sprachgestalt ist möglicherweise in Beziehung zu setzen zu jenen bedeutenden, in anderem Zusammenhang (vgl. S. 51) schon einmal zitierten Sätzen aus der Widmungsrede zum „Inwendigen Himmelreich":

> Es sind Reime, welche wir Deutschen jetzo schreiben lernen, Reime, sage ich, mehr nach dem Winkelmaß der Wahrheit als der künstlichen Dichterei zusammengesetzet. (GS 2)

Vielleicht drückt sich in diesen Sätzen mehr aus als nur der Stolz über die wiederentdeckte Fähigkeit der deutschen Sprache, auch Stoffe wie die der vorliegenden Sammlung dichterisch zu fassen. Mit dem Gegensatz von Reimen „nach dem Winkelmaß der Wahrheit" und einer „künstlichen Dichterei" scheint ein Programm der geistlichen Dichtung angedeutet zu sein, deren Grundsatz im Unterschied zu einer kunstvollen, rein ästhetischen Prinzipien verpflichteten

117

Dichtung die „Wahrheit" ist. Der Grundsatz der „Wahrheit" wäre dann als frühe Form des Prinzips des „wesentlichen" Sprechens zu sehen, im „Inwendigen Himmelreich" in einer bewußt schlichten Sprachgestalt verwirklicht, die angeführten Sätze aus der Widmungsrede selbst aber als Vorläufer jener zentralen Verse des „Deutschen Phaleucus", in denen Czepko die Überlegenheit der „Monodisticha" über andere Schriften begründet.

Alle die erwähnten Kriterien, die das „Inwendige Himmelreich" mit den „Monodisticha" verbinden, sind aber erst Ansätze und noch weit entfernt von der Konsequenz, mit der sie dort durchgeführt sind. Das „Inwendige Himmelreich" spricht zwar schon vom Hinaufschwingen der Seele, aber noch nicht vom Anhalten dieser Bewegung, das dann in den „Monodisticha" als „Befreiung" den Anfang des zweiten Teiles des mystischen Weges bedeutet. Die Erkenntnis aus dem Gegenteil und das richtige Lesen werden auch hier thematisiert, aber noch nicht dichterisch nutzbar gemacht. Wahrscheinlich ist die Anzahl der Gedichte – es sind deren vierundzwanzig – bedeutend gemeint, doch die Form des Zyklus wird noch nicht als eigentliche Kreiskomposition verstanden. Die naturwissenschaftlich-alchemistische wie auch die kabbalistische Dimension fehlt im „Inwendigen Himmelreich" noch ganz, und selbst wenn dem Werk ein Programm der „Wahrheit" zugrunde liegen mag, so ist es doch noch viel mehr als die „Monodisticha" rein dichterischen Prinzipien verpflichtet. Schmückende Metaphern wie die Umschreibung der Sonne als „die Zier der Welt, der Sonnen schöne Bahn" (VI) oder auch die metaphorische Einkleidung des Satzes, daß Gleiches nur durch Gleiches erkannt werde, wie sie in der vorher zitierten Strophe aus Gedicht XVI erscheint, wären in den „Monodisticha" undenkbar.

Der späteren Zeit gehört die „Semita Amoris Divini" an. Im Vergleich zu Czepkos anderen Gedichtzyklen, weltlichen wie geistlichen, fällt der Gedichtteil dieses bemerkenswerten Werkes durch die Vielfalt der verwendeten Formen auf. Das sechszeilige Alexandrinerepigramm, die ausschließliche Gedichtform in den beiden kürzeren umrahmenden Teilen, wechselt im Mittelteil mit strophischen Gedichten, die von schlichten, choralartigen Stücken bis zu ehrgeizigen Versuchen mit zum Teil recht komplizierten Strophenformen reichen. Vielfältig sind auch die verwendeten Versmaße. Neben den Alexandrinern der epigrammatischen Gedichte steht eine Vielzahl anderer Verse, deren Länge zwischen zwei und fünf Hebungen variiert und die neben Jamben und Trochäen auch Daktylen verwenden. Werner Milch deutet diesen formalen Reichtum als „Freude an virtuosenhaftem Spielen", die hier mit Czepkos „rationale[r] Fähigkeit zu scharfer Präzision" zusammentreffe (Milch S. 119). Mit dem Begriff des Spielens muß man aber vorsichtig sein, denn auch in der „Semita" ist die

Möglichkeit nicht auszuschließen, daß gewisse Formen ihre ganz besondere Bedeutung haben. Ansätze dazu sind zumindest gegeben. Vor allem ist hier die häufige Verwendung einer dreizeiligen, trochäischen Strophe mit dreifachem Reim zu nennen. In einem Werk, dessen Vorrede die Dreizahl nicht nur zum Thema hat, sondern sie sogar in ihrer Struktur nachbildet (vgl. S. 44), ist eine solche Strophenform wohl kaum zufällig. Wie das Monodistichon oder der „Zweireim" die Nachbildung der Einheit in der Zweiheit ist, so ist hier der Dreireim als die formale Entsprechung des „heiligen Dreiecks", des Gesetzes von der Einheit in der Dreiheit, zu verstehen. Daß Czepko dieser Strophenform Bedeutung beimaß, zeigt sich auch in ihrer thematischen Gebundenheit. Mit Ausnahme zweier Chorlieder, die ebenfalls die dreizeilige Strophe verwenden, beschränkt sich ihre Anwendung auf eine Reihe von Gedichten, die sich an die Seele wenden und jeweils das biblische Geschehen in seiner überzeitlichen, geistlichen Bedeutung sichtbar machen und reflektieren[117].

Die hohe Bedeutung, die in diesem Werk der Dreizahl zukommt, wirkt sich auch im Aufbau aus. Den fünf Hauptfeiertagen des christlichen Jahres, die der Gegenstand der Gedichte der „Semita" sind, entspricht nicht, wie zu erwarten wäre, ein fünfteiliger Zyklus. Sie sind, dem übergreifenden Thema des „heiligen Dreiecks" entsprechend, in drei Teile gegliedert, wobei die drei Tage der Auferstehung, der Himmelfahrt und des Pfingstfestes im dritten Teil wiederum zu einer Einheit zusammengefaßt sind. Auf dem Titelblatt kündigt sich die „Semita" nur als Betrachtung der „drei fürnehmsten Tage unsers Heils" an. Der erste und der dritte Teil sind aufeinander abgestimmt. Sie enthalten je fünfzehn sechszeilige Alexandrinerepigramme und umrahmen die dreiundsechzig Stücke des Mittelteils. Möglicherweise sind auch diese Zahlen, die sich alle auf die Drei beziehen lassen, bedeutend gemeint. Die Form des sechszeiligen Alexandrinerepigramms muß Czepko wegen seiner Gliederung in drei Verspaare in diesem Zusammenhang besonders willkommen gewesen sein. – Der Grund, warum in der „Semita Amoris Divini" solche Ansätze zur bedeutenden Form dann doch nicht wie in den „Monodisticha" konsequent durchgeführt werden, ist wohl hauptsächlich in der Entstehungsgeschichte des Werkes zu suchen.

Die vielen Stücke des Mittelteils, die für einen oder zwei Chöre und Soli geschrieben sind, lassen vermuten, daß zumindest dieser Mittelteil aus einem Chorwerk hervorgegangen ist. Nach Werner Milch entstand ein solches zur Einweihung der Schweidnitzer Friedenskirche im Jahre 1657, wurde aber anscheinend nicht komponiert oder wenigstens nicht aufgeführt (Milch S. 118).

---

[117] II 4, 9, 15, 23, 27, 34, 38, 50, 54, 60
Chorlieder mit dreizeiliger Strophe: II 2, 6.

Die beiden andern Teile, die keine Chorlieder, sondern nur die sechszeiligen Alexandrinergedichte enthalten, sind wohl erst später, zusammen mit der Prosaeinleitung, hinzugekommen, um der „Rede oder Durchführung des heiligen Dreiecks" auch einen dreiteiligen Gedichtzyklus folgen zu lassen. Aber auch der Mittelteil dürfte nicht einfach mit dem ursprünglichen Chorwerk identisch sein. Dagegen spricht schon die Länge dieses Teils, der mit seinen dreiundsechzig Stücken, von denen einige ihrerseits von beträchtlicher Länge sind, den Rahmen eines Chorwerks sprengen würde. Auf verschiedene Herkunft der Gedichte läßt auch eine inhaltliche Unstimmigkeit schließen: Das Gedicht II 48 sollte eine zusammenfassende Wiederholung der sieben Worte Christi am Kreuz darstellen, die vorher in sieben einzelnen Epigrammen ausgeführt wurden. Dabei stimmt aber die Reihenfolge der sieben Worte mit derjenigen in den Epigrammen nicht überein. Wahrscheinlich sind gerade diese sechszeiligen Alexandrinerepigramme, die mit Chorliedern und mit anderen liedartigen Stücken abwechseln und die Werner Milch als Rezitative deutet, überhaupt nie Teil des ursprünglichen Chorwerks gewesen, sondern erst nachträglich, zusammen mit den Epigrammen des ersten und des dritten Teils, hinzugekommen. Ganz undenkbar für ein Chorwerk wäre jedenfalls ein Gedicht wie das erste Epigramm des Mittelteils, das vom Schreiben, von Blatt, Tinte und Feder spricht (GS 324). In seiner jetzigen Form hat sich das Werk ganz von seiner ursprünglichen Bestimmung gelöst. Es ist zu einem Andachtsbuch zu den christlichen Hauptfeiertagen geworden, was sich auch in der Formulierung der Titelblattaufschrift äußert:

> Das heilige Dreieck
> oder
> die drei fürnehmsten Tage
> unsers Heils
> .
> .
> .
> betrachtete
> bei Begehung derselbigen
> Daniel von Czepko

Die Andacht ist getragen von der lutherischen Lehre von der Rechtfertigung durch den Glauben und dem Gedanken ihrer praktischen Verwirklichung in einer unbedingten Nachfolge Christi. Diese Nachfolge äußert sich in den Gedichten in einem neuen, Czepkos anderen geistlichen Werken unbekannten Ton, der durch ein stark affekthaftes Verhältnis der Seele zu Christus bestimmt ist. Die liebend ausgestreckten Arme Christi und die Versenkung der Seele in seine Wunden sind der unmittelbare Ausdruck dieser gegenüber dem spekulativen Charakter der frühen geistlichen Lyrik und der ,,Monodisticha" veränderten Frömmigkeitshaltung[118]. Die Naturspekulation tritt hier ganz zurück zugunsten des biblischen Geschehens um Christi Geburt, Passion, Auferstehung und Himmelfahrt und das Pfingstwunder. Dieses Geschehen ist aber transponiert auf die Ebene des Seelischen. Es geht um die ,,innerliche Geburt" (I 4), die ,,Geistliche Auferstehung" (III 1), um ein ,,Inwendiges Bethania" (III 6). Durch die Verinnerlichung der biblischen Vorgänge führen uns die Gedichte ,,zur Erkenntnis, zur Liebe und Nachfolge unsers Herrn Jesu" (GS 303); sie sind eine ,,Semita Amoris Divini", deren Ziel die völlige Angleichung der Seele an Christus ist.

Neben diesen drei bedeutendsten geistlichen Dichtungen außer den ,,Monodisticha" steht noch eine Anzahl vereinzelter Gedichte, auf die hier nicht näher eingegangen werden soll, die aber der Vollständigkeit halber wenigstens erwähnt seien. Die größte Gruppe bilden die Psalmenparaphrasen, von denen nach Czepkos Tod sieben unter dem Titel ,,Siebengestirne königlicher Busse" zu einem Zyklus zusammengestellt wurden. In den Umkreis der geistlichen Dichtung gehört auch die ,,Rede aus meinem Grabe", auf die schon mehrmals hingewiesen wurde, sowie das in seiner schlichten Frömmigkeit ergreifende Gedicht mit dem Titel ,,Todesgedanken" (WD 436), und schließlich ist hier auch noch eine Reihe von Gedichten oder Liedern zu nennen, die unter Czepkos Namen in schlesische Gesangbücher eingegangen sind, deren Verfasserschaft aber nicht gesichert ist (Milch S. 250 ff.).

Fragt man nun zum Schluß nach der Einheit von Czepkos geistlicher Dichtung, so wird man die Antwort vor allem in der Funktion dieser Dichtung für das religiöse Leben zu suchen haben. Zwar handelt es sich bei Czepkos geistlichem Werk mit Ausnahme der erwähnten Kirchenlieder und vielleicht einiger Gedichte der ,,Semita" nie um kirchliche Gebrauchsdichtung. Es sind durchweg literarische Werke mit hohem dichterischem Anspruch. Dieser Anspruch wird aber nie zum Selbstzweck, sondern ordnet sich immer einer religiösen Bestimmung der Dichtung unter. Wie die ,,Monodisticha" den Leser schließlich zur ,,wesentlichen" Erkenntnis Gottes führen, so stellt sich die ,,Gegenlage der Eitelkeit" als ein Weg ,,Von der Eitelkeit zur Wahrheit", die ,,Semita Amoris Divini" als ein Weg der liebenden Annäherung an Gott dar. Im ,,Inwendigen

---

[118] II 4, 34, 40, 50, 52, 55, 56, 59, 60.

Himmelreich" wird der „künstlichen Dichterei" die „Wahrheit" entgegengestellt, und in bezug auf seine Psalmendichtung betont Czepko, daß er damit nicht die Absicht verfolge, den bisherigen Übertragungen neue und bessere hinzuzufügen oder „davon irgendeine Profession zu machen", sondern sie vielmehr für seine persönliche Andacht schreibe (vgl. Milch S. 105). In einem solchen Zusammenhang ist wohl auch die zyklische Gebundenheit der meisten geistlichen Gedichte Czepkos nicht ohne Bedeutung. Zwar kann bei keinem der drei vor und nach den „Monodisticha" entstandenen Zyklen von einer eigentlichen Kreiskomposition gesprochen werden, und von dem Beziehungsreichtum der „Monodisticha" sind sie weit entfernt; doch weist zumindest die ausgewogene Gliederung der „Semita", vielleicht auch die Zahl der Gedichte im „Inwendigen Himmelreich", darauf hin, daß Czepko sich um eine zyklisch in sich geschlossene Form bemühte. Der Leser soll nicht einfach eine Reihe von Gedichten zu diesem und jenem Thema vorfinden, sondern die einzelnen Gedichte sollen sich ihm zu einem abgerundeten Ganzen zusammenschließen, zu einem Andachtsbuch, dessen Sinn in der Gesamtheit aller Gedichte besteht und vom Leser in der Meditation zu erschließen ist.

Im Anspruch, dem Leser geistliche Führung zu geben, mehr als in der eigentlichen Thematik der Gedichte, erweist sich schließlich Czepkos geistliche Dichtung als ein fester Bestandteil seines Lebens und Denkens. Im Bestreben, in einer unruhvollen Zeit die wahre Ruhe und den wahren Frieden zu finden, kommt seinen geistlichen Dichtungen eine entscheidende Funktion zu: Sie alle wollen Weg zu diesem wahren Frieden sein, und ihre Botschaft an den Leser heißt, in den Worten des „Inwendigen Himmelreichs":

> Steig über die Vernunft,
> Hier zeig ich dir die Bahn. (GS 3)

Die Verbindung dieses Versprechens mit einer Forderung an den Leser hat dabei paradigmatische Bedeutung, denn erst im Zusammenwirken von Dichter und Leser kann der religiöse Gehalt der Dichtungen zur Entfaltung kommen, oder, wie es in bezug auf die „Monodisticha" formuliert wurde: zum „wesentlichen" Sprechen des Dichters gehört auch das „wesentliche" Verstehen des Lesers. Erst wenn der Leser mit den Worten des Dichters in diesem Sinn umgehen kann, erschließen sie sich ihm in ihrer tieferen Bedeutung, nämlich als Weg zu jenem wahren, inneren Frieden, der für Czepko als Antwort auf eine unheilvolle Gegenwart höchste Bedeutung erlangte.

122

ANHANG

1. Zu S. 7:

Auf die nicht im Druck erschienene Dissertation von Ruth Müller (Die Metaphorik in der Dichtung Daniel von Czepkos. Eine Studie zur Persönlichkeit des Dichters an Hand der Bilder seines Werkes; Diss., Masch., München 1956), die von der Metaphorik her zur Persönlichkeit des Dichters vorzudringen versucht, stieß ich erst nach der Beendigung dieser Arbeit. Für eine umfassende Betrachtung scheint mir allerdings die Konzentration auf einen einzigen Aspekt der Dichtung, die Metaporik, nicht sehr förderlich zu sein. Ruth Müllers Arbeit liefert eine Fülle interessanter Beobachtungen, die sich an einigen Stellen auch mit meinen eigenen berühren und diese bestätigen, doch kommt die Arbeit schließlich nicht über eine Reihe von Einzeluntersuchungen hinaus. Was zusammenfassend an allgemeinen Aussagen über Czepko herauskristallisiert wird, ist wenig ergiebig und wiederholt im wesentlichen Werner Milchs Vorstellung von der Vielfalt der Strömungen, die im Werk dieses Dichters zusammenlaufen. – Ich habe in meiner Arbeit an den einschlägigen Stellen in Anmerkungen auf Ruth Müllers Untersuchungen verwiesen.

2. Zu S. 11:

Das Verhältnis Czepkos zu Hans Georg Czigan spiegelt sich in den Werken jener Zeit wieder, so vor allem in dem Schäferepos „Coridon und Phyllis" und der Vorrede dazu. Unter dem Namen Coridon verbirgt sich Czepko selbst, und mit Coridons Freund Daphnis ist Hans Georg Czigan gemeint. Auch in der für Barbara Czigan, die Schwester Hans Georgs, verfaßten „Consolatio ad Baronissam Cziganeam" kommt Czepkos Verehrung für den Bruder zum Ausdruck (GS 159).

3. Zu S. 14:

Czepkos genaue Lebensdaten sind der 23. September 1605 und der 9. September 1660. Bezüglich des Geburtsdatums hat ein Brief, der den 7. September angibt, einige Verwirrung gestiftet (vgl. Milch S. 5 f.). Werner Milch entscheidet sich dann doch für den 23. September, allerdings nur aufgrund indirekter Hinweise. Einen endgültigen Beweis für die Richtigkeit dieses Geburtsdatums liefert aber eine Stelle aus dem autobiographischen Schäferepos „Coridon und Phyllis", die Werner Milch wohl übersehen hat. Vom Hirten Coridon, hinter dem sich Czepko selbst verbirgt, heißt es dort, er sei am Tage der Herbst-Tagundnachtgleiche, an dem zugleich die Sonne ins Sternbild der Waage eintritt, also am 23. September, geboren:

> Nun, es wollte Tag und Nacht,
> Wie er auf den Herbst vermag,
> Phoebus in die Waage legen:
> In die Wiege legten ihn
> Auch den Tag die Eltern hin,
> Welches wohl war zu erwägen.

> Weil es sein Geburtstag war,
> Macht er seine Wünsche klar . . . (WD 211)

4. Zu S. 25: Belege für Czepkos Berührung mit Franckenberg:
 – „Sat. Ged." V 41, 42: „Ueber des edlen Herren Abraham von Franckenbergs Sephiriel, den Zählenden."
 „Ueber eben des edlen Herren Abrahams von Franckenberg Raphael, den Heilenden."
 – „Deutscher Phaleucus" GS 208: Der Ausdruck „mein Franckenberg" deutet auf ein herzliches Verhältnis zu Franckenberg hin.
 – Zwei Geleitgedichte Franckenbergs zu den „Monodisticha": GS 218, 219

5. Zu S. 25:
Ein Teil von Franckenbergs Büchern ging nach dessen Tod als Vermächtnis an Johann Scheffler. Da uns Schefflers Bibliothek erhalten ist, haben wir einen ziemlich guten Einblick nicht nur in Schefflers, sondern auch in Franckenbergs Lektüre. Die in diesem Zusammenhang zu erwähnenden Bücher sind etwa:

> (Nach J. Orcibal, Les sources étrangères du „Cherubinischer Wandersmann" (1657) d'après la bibliothèque d'Angelus Silesius; Revue de littérature comparée 18, 1938)

- J. J. Boissard: De divinatione et magicis, Oppenheim (ohne Jahreszahl)
- Johann Dee: Monas Hieroglyphica, Frankfurt 1591
- Ruland: Lexicon Alchimiae, 1612
- Fludd: Philosophia Moysaica, Gouda 1638
- Weigel-Paracelsus: Philosophia mystica, Neustadt 1618

6. Zu S. 33:
Czepko GS 45 f. = Quint II 474,6 ff. (Meister Eckhart, Die deutschen und
   lateinischen Werke: Die deutschen Werke, hg. von J.
   Quint)
Weitere Feuer-Holz-Gleichnisse u. a.:
- Buch der göttlichen Tröstung: Quint V 33,9 ff.
- Predigten: Quint I 114,5 ff. / I 180,8 ff.
Gleichnis von der Speise:
- Predigten: Quint I 328,6 ff., 331,6 ff.
   Quint I 344,4 ff., 345,4
   Quint I 118,10 ff.

7. Zu S. 33:
Der Gedanke, den Tod, der ja den Ausgangspunkt der „Consolatio" bildet,
zum Grundgesetz des Seins zu erklären, ist wahrscheinlich von Valentin
Weigel angeregt. Spekulationen über die Bedeutung des Todes und das Gesetz, daß das Leben aus dem Tod hervorgehe, erscheinen samt Beispielen
aus der Natur und der Alchemie schon bei ihm. Auch das Samengleichnis
findet sich bei Weigel in diesem Zusammenhang wieder:

> Ich kann's durch natürliche Exempel beweisen, dass der Tod das
> höchste Geheimnis sei; ohn welchen kein Leben sein mag in tota re-
> rum natura.
> Die Natur gibt's euch selber zu erkennen, dass im Tode die grösste
> Frucht liege. Ein granum tritici, so es stirbet, so bringet es einen
> schönen Stengel mit 20, 30 granis, ex uno plurima.
> Ich danke Gott, dass ich im Lichte der Natur das grösste und höch-
> ste Geheimnis erkenne, nämlich den Tod und das Leben, dadurch
> ein Ding zerstöret, getötet und an seiner ersten Form zu nichts wird,
> das hernach viel edler an seiner Form, Kraft, Tugend, als es zuvor
> gewesen ist.

Ich will allein in der göttlichen Kunst Alchimia solches beweisen, dass durch den Tod das edelste und beste Leben herfür komme. „De Christianismo",
Zusatz „Ad dialogum de morte" (zitiert nach Peuckert S. 300)

8. Zu S. 35:
In seiner Interpretation eines Czepko-Gedichtes bezieht sich A. Haas auf einen dieser grundlegenden Sätze aus der Erkenntnislehre der „Consolatio" und weist in diesem Zusammenhang auf „Weigels subtile Erkenntnislehre" hin (Haas, S. 575). Auch Böhme kann hier genannt werden, der im Zusammenhang mit seinen Spekulationen über das Böse zu dem Schluß kommt, daß eine Sache ohne ihr Gegenteil nicht existieren würde:

> Und befindet sich, dass es also sein muss, sonst wäre kein Leben noch Beweglichkeit, auch wäre weder Farbe, Tugend, Dickes oder Dünnes oder einigerlei Empfindnis, sondern es wäre alles ein Nichts. – In solcher Betrachtung findet man, dass solches alles von und aus Gott selber herkomme und dass es seines eigenen Wesens sei, das er selber ist und er selber aus sich also geschaffen habe: und gehöret das Böse zur Bildung und zur Beweglichkeit und das Gute zur Liebe und das Strenge oder Widerwillige gehöret zur Freuden.
>
> „Drei Prinzipien", Abschnitt 13 und 14 der Vorrede, in: Jacob Böhme, Sämtliche Schriften, Faksimile-Neudruck der Ausgabe von 1730, hg. von W.-E. Peuckert, Bd. II, 1957, S. 6

Bei dem Böhme-Schüler Franckenberg, mit dem Czepko in Verbindung stand, heißt es entsprechend:

> Nichts ist in der göttlichen Weisheit entstanden,
> Das nicht auch zugleich seinen Gegensatz hätte gefunden.
>
> „Raphael oder Arzt-Engel" 1639 (Faksimile-Ausgabe von H. Schneider, Wolfenbüttel 1924, S. 26)

9. Zu S. 41:
Zwei längere Stücke der „Satyrischen Gedichte" (V 41, 42), die Franckenbergs „Saephiriel" und „Raphael" gewidmet sind, machen deutlich, daß

Czepko mit diesen Werken vertraut war und ihnen eine ziemliche Bedeutung beimaß. Der „Raphael" stellt eine mystische Pathologie dar; besonders hervorzuheben ist aber in diesem Zusammenhang die offenbarende Kraft, die im „Saephiriel" der Zahl zugeschrieben wird. In Czepkos Gedicht heißt es in bezug darauf:

> Die Zahl, ein edle Kunst, die offenbart uns Gott,
> Und er wird offenbart durch sie aus weiser Not.

10. Zu S. 42:
Diese Dreiheit erscheint auch bei Böhme, im Zusammenhang mit seiner Lehre von den drei Prinzipien. Ihre Verwendung bei Czepko braucht also nicht direkt auf Paracelsus zurückzugehen, obwohl weitere Parallelstellen eine solche Verbindung nahelegen; sie kann auch durch Böhme vermittelt sein, zumal dessen Dreiprinzipienlehre auch sonst die Vorrede zur „Semita" beeinflußt zu haben scheint (Vgl. S. 38, Anm. 55)

11. Zu S. 59:
Hinweise auf Tschesch bei Werner Milch: Milch S. 116, GS XXXVI
Hubert Schrade, Beiträge zu den deutschen Mystikern des siebzehnten Jahrhunderts: Abraham von Franckenberg. Diss. (Masch.) Heidelberg 1923, S. 75 ff.:
In einer Übersicht über die erhaltenen Verse Franckenbergs stellt Schrade diesen jeweils gedanklich nahe stehende Sprüche Tscheschs, Czepkos und Schefflers zur Seite, doch geht es ihm dabei nur um die Wirkung Franckenbergs und nicht um einen möglichen Zusammenhang dieser drei Dichter untereinander. Czepkos Sprüche konnte Schrade zudem nur beschränkt berücksichtigen, da zur Zeit der Entstehung seiner Dissertation von Czepko erst Vereinzeltes gedruckt war.

12. Zu S. 68:
Mit Strasser bezieht Werner Milch (Milch S. 153) die Stelle im „Deutschen Phaleucus", die von der ungeheuren Wirkung einer Dichtung Czepkos auf dessen Freund Donath berichtet, nicht auf die „Monodisticha". Syntaktisch gehören aber die betreffenden Verse zum Ausdruck „die weisen Lehren", womit eigentlich nur die auch sonst so genannten „Monodisticha" gemeint sein können. Da zudem diese Anekdote im Widmungsgedicht zu den „Monodisticha" steht, sehe ich keinen Grund, sie nicht auf diese selbst zu beziehen.

BIBLIOGRAPHISCHE ANGABEN

1. Verzeichnis der für diese Arbeit verwendeten Schriften

a) Texte

Daniel von Czepko, Geistliche Schriften, hg. von Werner Milch, Breslau 1930
Daniel von Czepko, Weltliche Dichtungen, hg. von Werner Milch, Breslau 1932

> (Beide Bände 1963 in unverändertem fotomechanischem Nachdruck in der Wissenschaftlichen Buchgesellschaft Darmstadt erschienen)

Bibliographische Angaben zu Texten anderer Autoren jeweils in den Anmerkungen.

b) Literatur über Czepko

Föllmi, Hugo, Czepko und Scheffler. Studien zu Angelus Silesius' „Cherubinischem Wandersmann" und Daniel Czepkos „Sexcenta Monodisticha Sapientum", Diss. Zürich 1968

Haas, Alois, Daniel Czepko von Reigersfeld, in: Schweizer Monatshefte 45,6, 1966, S. 572–577

Milch, Werner, Daniel von Czepko. Persönlichkeit und Leistung, Breslau 1934

Milch, Werner, Daniel von Czepko, in: W. M., Kleine Schriften zur Literatur- und Geistesgeschichte, Heidelberg/Darmstadt 1957, S. 105–113 (Erstdruck 1931)

Milch, Werner, Daniel von Czepkos Stellung in der Mystik des 17. Jahrhunderts, in: Archiv für Kulturgeschichte 20, 1930, S. 261–280

Wentzlaff-Eggebert, F. W., Die Wandlungen im religiösen Bewußtsein Daniel von Czepkos, in: Z. f. Kirchengeschichte 51, 1932, S. 480–511

c) Allgemeine Literatur

Binder, Wolfgang, Literatur als Denkschule, Zürich und München 1972

Binder, Wolfgang, Skriptum zur Vorlesung „Die Epochen der neueren deutschen Literatur", Deutsches Seminar der Universität Zürich 1970 – Kap. 2: Das Barockzeitalter S. 37–87

Conrady, Karl Otto, Lateinische Dichtungstradition und deutsche Lyrik des 17. Jahrhunderts, Bonner Arbeiten zur deutschen Literatur 4, 1962

Harms, Wolfgang, Homo viator in bivio. Studien zur Bildlichkeit des Weges, Medium Aevum 21, 1970

Peuckert, Will-Erich, Pansophie. Ein Versuch zur Geschichte der weißen und schwarzen Magie, Berlin, 2. Aufl. 1956

Pfohl, Gerhard, Das Epigramm. Zur Geschichte einer inschriftlichen und literarischen Gattung, Wissenschaftliche Buchgesellschaft Darmstadt 1969

Tillyard, E. M. W., The Elizabethan World Picture, London 1948

Trunz, Erich, Der deutsche Späthumanismus um 1600 als Standeskultur, in: Deutsche Barockforschung, hg. von R. Alewyn, Berlin 1965, S. 147–181

Wentzlaff-Eggebert, F. W., Naturmystik und Naturspekulation im 16. und beginnenden 17. Jahrhundert – Die Wiederaufnahme mittelalterlicher Mystik im Zeitalter des Barock, in: W.-E., Deutsche Mystik zwischen Mittelalter und Neuzeit, 3. Aufl. 1969, S. 172–221

Windfuhr, Manfred, Die barocke Bildlichkeit und ihre Kritiker. Stilhaltungen in der deutschen Literatur des 17. und 18. Jahrhunderts, Germanistische Abhandlungen 15, Stuttgart 1966

2. Gesamtverzeichnis der Czepko-Literatur in chronologischer Reihenfolge

Strasser, C. Th., Der junge Czepko, Diss. Göttingen 1913 (= Münchener Archiv f. Philologie des MA. und der Renaissance III, 1913)

Wyrtki, Wilhelm, Czepko im Mannesalter, Diss. (Masch.) Breslau 1922

Milch, Werner, Daniel von Czepkos Stellung in der Mystik des 17. Jahrhunderts, in: Archiv für Kulturgeschichte 20, 1930, S. 261–280

Milch, Werner, Daniel von Czepko, in: W. M., Kleine Schriften zur Literatur- und Geistesgeschichte, Heidelberg/Darmstadt 1957, S. 105–113 (Erstdruck 1931)

Wentzlaff-Eggebert, F. W., Die Wandlungen im religiösen Bewußtsein Daniel von Czepkos (1605–1660). Zur Frage seiner religiösen Einordnung, in: Z. f. Kirchengeschichte 51, 1932, S. 480–511

Milch, Werner, Daniel von Czepko. Persönlichkeit und Leistung, Breslau 1934

Trunz, Erich, Daniel von Czepko und die Barockforschung, in: De Weegschaal 3, 1936/37

Rundstedt, H. G., Ein unbekanntes Czepko-Gedicht, in: Z. des Vereins f. Gesch. Schlesiens 72, Breslau 1938

Riemschneider, Ursula, Die Erscheinung der unio mystica in der Dichtung Czepkos und Schefflers, Diss. (Masch.) Strassburg 1943

Müller, Ruth, Die Metaphorik in der Dichtung Daniel von Czepkos. Eine Studie zur Persönlichkeit des Dichters an Hand der Bilder seines Werkes, Diss. (Masch.) München 1956

Szyrocki, M., Sozial-politische Probleme in der Dichtung Czepkos, in: Germanica Wratislav. 2, 1959, S. 57–67

Haas, Alois, Daniel Czepko von Reigersfeld, in: Schweizer Monatshefte 45,6, 1966, S. 572–577

von Stockum, Th. C., Zwischen Jakob Böhme und Johann Scheffler: Abraham von Franckenberg und Daniel Czepko von Reigersfeld. Amsterdam: Noord Hollandsche Uitgevers 1967, 27 S. (Mededelingen der Konninklijke Nederlandse Akademie von Wetenschappen. Afd Letterkunde, Nieuwe Reeks, Deel 30, No. 1)

Fritze, Ernst, Daniel Czepko. Ein Dichter und seine Kirche, in: Schlesien XII, 2, 1967, S. 103–109

Föllmi, Hugo, Czepko und Scheffler. Studien zu Angelus Silesius' „Cherubinischem Wandersmann" und Daniel Czepkos „Sexcenta Monodisticha Sapientum", Diss. Zürich 1968

Neufang, Gordon Alburn, Henry Vaughan and Daniel von Czepko. A study in spiritual and cultural affinities, University of Michigan 1970, (Diss.)

BOUVIER VERLAG HERBERT GRUNDMANN · BONN

A. H. C.
LIBRARY